仕事も人間関係も
雑談もうまくいく

一流の聞く力

福田 健
Takeshi Fukuda

SOGO HOREI PUBLISHING CO., LTD

はじめに

「どうすればうまく話せるのか」

その疑問はこれまで「話し方」と名のつく本で数多く取り上げられてきました。私が代表を務める「話し方研究所」も長年にわたり、その疑問と関心に応えて全国各地で講演やセミナーを開催してきました。

しかし、最近その活動のなかで疑問に感じていることがあります。それは皆さんが興味を示すのは、主に話し方だけということです。聞き方に対しては疑問視する声はあまりあがりません。

「どうすればうまく聞けるのか」

この疑問を持つ人が少ないのは、聞くことは話すことのように周到な準備ができないからと思い込んでいるからなのでしょうか。それとも聞くことは難しいことではないと考えているためでしょうか。

そもそもコミュニケーションにおいて「話す」と「聞く」、どちらの行為が主役なのでしょう？

先日、私は異業種が集まるセミナーの懇親会に参加しました。私がついたテーブルには、最新のＡＩについて熱く語る人がいました。とても興味深い話で、知らなかったことばかりです。周りにいた人も興奮気味で聞いていました。私は自分の仕事のことを考えながら、感想を述べます。

「あなたのおっしゃっていることが実現したら、子どもの頃から現在までの学んだこと全ての学習知識を、データにして持って歩けるということですね」

すると他の人たちも自分の意見を述べます。

「採用面接の仕方もガラっと変わるはずだよ」

「個人情報の管理がますます大変にならないかな」

私たちのテーブルは最新の科学研究の話で大いに盛り上がります。とところが、そのなかで明らかに過剰な反応を示す男性がいました。

「すごい！　ほんとに、ＡＩってすごい！」

手を叩きながら周りの人の話を聞いて、ずっと「すごい」「すごいよ」の連発です。私は、その方がよほど話の内容に興味を持ったのだと思いました。しかし、その男性は30分も経つと、意外なことに静かになり、席を離れて他のテーブルに移ってしまいました。

人の話をしっかりと聞くためには、観察力や創造力、表現力のいずれもが必要となります。そして、そのために頭をフル回転させなければいけません。

聞いたことを自分の経験や知識と照合して、凝縮された意見にまとめて返す。それを聞いた相手がまた自分の意見を述べる。そうして会話のやり取りが活発になることで、私たちは学び、考え、満たされていくのです。

先述の「すごい、すごい！」と手を叩いていた人は、「聞いているよ」という反応を示したに過ぎません。表面的にその場を取り繕っているだけで、考えることを怠っていたのです。そして気が付くと自分が会話の輪の外にいることを感じ、その場からフェードアウトしたというわけです。

一流の聞き手はコミュニケーションの場を創造します。話し手を刺激し、要求し、限られた時間でより多くの情報と意見を引き出します。そして自分だけでなく、話し手にも充実感を提供するのです。

皆さんもこのような聞き手になりたいと思いませんか？

ところが、世の中では聞き方を学ぼうとしても、基本的な反応の示し方、いわゆる傾聴というものばかりが目につきます。傾聴がよい聞き手の条件であるのは確かですが、〝一流の聞き手〟へと導いてくれるものではありません。

コミュニケーションは、話し手と聞き手が目まぐるしく入れ替わり、どっちが話し手なのか聞き手なのか、その線引きは難しいのが現実です。

それは言い換えれば、聞き方は、話し方を学ぶことと同じぐらい大切ということでもあります。

本書は、よい聞き手を上回る、一流の聞き手を目指すことを目的に書きました。

基本となる聞き方はもとより、聞き手が陥りやすい問題や優れた聞き手が使う技術、そして創造的な返し方まで、実際のシーンで使うことを想定しています。

この本をお読みになることで、皆さんのコミュニケーションが活発になり、そして存在感のある一流の聞き手へとステップアップすることを心から祈っています。

目次

第1章

二流、三流の聞き手

第2章 聞き上手が会話をリードする

第3章

人望の厚い人は聞く姿勢が違う

第4章

傾聴の一歩先を行く！ 一流の聞く力

第5章

ビジネスシーンに役立つ！聞き方の流儀

番外編

あなたは空気を読めている？ 簡単セルフチェックシート

ブックデザイン／藤塚尚子　DTP／横内俊彦　校正／矢島規男

第 1 章

二流、
三流の聞き手

大げさな反応が場を盛り上げると思っている人

私たちは子どもから大人へと成長していく過程で、ある程度の聞く力を身につけます。例えば、小さい頃に母親から「人の話を聞くときはちゃんと目を見て」と言われたことがある人も多いのではないでしょうか。会話の最中にうなずいたり、相槌を打ったりするといった聞くための基本能力は、学校や会社などの社会生活を経て自然と備わっているのです。

ところが、**自分では問題ないと思っていた聞き方が、人に違和感を持たせていることは意外と多くあります。**

オーバーリアクションが話し手の気分を害することもある

私がある雑誌の取材を受けたときの話です。記者と型通りの名刺交換を終えて、企業のクレーム対応をテーマにしたインタビューが始まってすぐでした。

記者の質問に対して、あるアンケート調査の結果を踏まえてお話ししたところ、

「え〜、先生、それ本当なんですか？　信じられない！」

とその記者は体をのけぞって驚くのです。しかし、伝えた内容はそこまで意外性のあるものではなかったので、私には少し大げさに見えました。

「これはインターネット上でも公開されている情報ですし、そんなに大したことではないですよ。ただ、世の中でクレームが問題視されているのは確かですし、私もクレームを受けることが最も多いのは飲食業だと思っていたので、この結果は興味深いですね」

私は彼女のテンションを普通の状態に抑えようと穏やかに言いました。すると今度は、

「そうですよ、そうですよね！　私も飲食業だと思っていました！　本当に意外

ですよね～！」

とまた盛り上がってしまいます。

おそらく、本人はインタビューを雰囲気よく進めたいとの思いからやっていることなのでしょうが、私にはわざとらしい印象が強く残りました。

もちろん場を一時の明るさで盛り上げることで、相手が楽しいと感じたり、話しやすくなるだろうと考える気持ちはわかります。しかし、**あまりにも大げさな反応は相手を心地よくさせるどころか、まったく逆の気分を相手に与えてしまうこともあります。**

このケースの場合は、短時間のインタビューで相手の意見や情報を引き出さなければならない仕事だからこそ、焦りがあったのかもしれません。ですが、私の心中は全く盛り上がっていませんでした。

相手に気を使うあまりに不自然なオーバーリアクションになってしまっては本末転倒です。

左記に大げさな聞き方になっていないかをチェックするための項目を挙げました。

□自分のうなずきが、話し手の動きよりも極端に大きくなっていないか？
□大きな音で手を叩くなど、大げさなリアクションが癖になっていないか？
□「げっ！」「どひゃー」など漫画のような言葉で反応することはないか？
□話の内容によって表情を使い分けようという意識が強すぎないか？
□反応は大げさなほうが相手に喜ばれるという先入観はないか？

まずは、自分自身の普段の聞き方をチェックしてみましょう。

相手の話を理解したフリをしてその場をやり過ごそうとする人

知らなかった話を聞いたのに、さも知っていたようなリアクションを取る人がいます。

その知ったかぶりの代表的な相槌に「もちろん」というフレーズが挙げられます。

これには「当然のことだ」といったニュアンスが含まれています。もちろん、本当に相手の言っていることを理解していれば問題ありません。また、仮に理解していなくても自然な話し振りならその場をやり過ごすこともできるでしょう。

しかし、前後のやり取りに違和感が生まれると、「この人は本当にわかってるのか」と疑いを持たれてしまう可能性があります。

話し手は聞き手のリアクションを敏感に察知します。**声のトーンや目の動き、**

ちょっとした間など聞き手の不自然な行為を見逃しません。

もし知らなかったことを察知されながらもそのまま知ったかぶりを続けると、相手からの信用を失うでしょう。場合によっては後で追及され、恥をかくこともあるかもしれません。

素直に聞いたほうが印象はよくなる

知らないことを知ったかぶりして、わかったような顔をしてしまう人は、知らない＝恥ずかしいことと思っている節があります。ですが、誰もが万能ではありません。詳しい分野もあれば、知識に疎いジャンルもあるはずです。

相手が自分より年齢が低い、もしくは社会的地位の低い人でも、素直に「教えてほしい」と言える人のほうが好感度が高いと思いませんか？

例えば、私の友人で大企業のマネージャー職に就いている人がいます。彼と会うと、部下からいろいろ教えてもらっていると自慢されます。

「このアプリ、知っているか？　会社の新人に聞いたんだけど、本当に便利だよ」

そう言いながら聞いた情報を嬉しそうに私に教えてくれます。

「新人や部下に教えてもらうのに、抵抗はない？」

「え？　全然。だって彼らのほうが新しい情報についてよく知っているから」

と彼はあっさり答えます。

人には自分が詳しいことを人に教えてあげたいという気持ちがあります。人の役に立つことが心地よいと感じる心理が備わっているからです。そういった意味でも、**素直に聞くことは評価を下げるどころか、むしろ上げることになります。**

このケースで言えば、おそらく部下は上司に対して、

「うちの上司、経済にはすごい詳しいのに、ＰＣ関連については無頓着でなにも知らないんだよ。でもそれを正直に言ってくれるから、俺が知ってることはなんでも教えてあげたいんだよな」

という気持ちでいると思います。

癖になっている人はどうすればいいのか

知ったかぶりをしないということを意識することで直すことができればいいのですが、なかにはその悪癖が反射的に出てしまう人もいます。素直に知らないことを聞くほうが結果として信頼されるのはわかっているのに、会話のなかでは反射的に、

「あ〜、そうね」

というようなリアクションを取ってしまうのです。

癖であるため簡単には直すことはできませんが、**私はこのような人には知らない情報や言葉が出てきたら、聞き返すことをおすすめしています。**

例えば、同僚と仕事の話をしている次のようなシーンがあるとします。

「今回のプロジェクトについてEBの話をしましょう」

「ちょっと待って下さい。いまなんて言ったのでしょうか？　EB？」

「あ〜、エビデンスベースでEBです、いいですか？」

「エビデンスベースでしたか。わかりました。話を進めましょう」

聞き返された話し手は、相手が聞き取れなかったのか、または意味がわからなかったのかを判断できないため、簡単な補足をして言い直してくれます。この時点では知らなかったことが相手に伝わることはほとんどありませんので、恥をかくこともないでしょう。

もし、それでも理解できない場合は、そこで改めて教えてほしいと伝えればいいのではないでしょうか。ただし、「ちょっと聞いてもいいかな」と断りを入れるのが聞き手のマナーです。

会話の内容を自分の話にすり替えて話を奪う人

相手の話がまだ終わっていないのに、いつのまにか会話の内容を自分の話したいことにすり替える行為を「話を奪う」と言います。多くの人は、自分の話を最後まで聞いてほしいと思っています。そのため、途中で聞き手に話を奪われてしまうと、相手に嫌悪感を持ちます。重要な仕事の話から日常のちょっとした雑談までシーンを問わずに、相手の話を最後まで聞くことは重要です。

最も嫌われる話の奪い方に、悩み事を相談したのに、相手の回答を最後まで聞かないパターンが挙げられます。

例えば、ある企業の管理職の方にこんなことを聞かれたことがありました。

「最近の新人は扱い方が難しい。もうちょっとオープンになんでも話してくれると助かるんだけど。なにか新人に心を開かせるいい方法はないでしょうか？」

私は次のようにアドバイスしてみました。

「あんまり質問攻めにすると、警戒されちゃうかもしれません。それより自分のことを少しずつ話して、新人がなにを言うのか聞いてみるのはどうでしょうか？」

この答えにその方はいまいち納得していない様子でした。そこで私は、

「私は自分の苦労話とかよくしますよ。私たちが新人のときって、いまとは時代が違ったじゃないですか。例えば、お客さんに言われた嫌味の話とかがありまして……」

ともっと具体的に掘り下げてエピソードを話そうとしました。しかし、次の瞬間、彼は私の話を遮って突如思い出したように喋り出しました。

「いや、苦労話よりも楽しかった話をしますね。僕は入社して半年目くらいに、学生のときにはできなかった旅行をしたんですよ。それでね……」

結局、このとき私は苦労話の具体的なエピソードを話すことができませんでした。

これで彼の印象が悪くなったとは言いません。しかし、このようなことがずっ

と続くのであれば、いつかはそうなるでしょう。一回一回のストレスはそれほど強くありませんが、度重なると、徐々に嫌悪感が募り、もうこの人とはあまり話したくないという気持ちになったでしょう。

話を奪う行為を直すには自分で気付くこと

私はあるとき、思い切って彼に告げました。

「話の途中で口を挟まされると正直話しづらいです。できれば最後まで聞いてほしいのですが」

すると、本人はキョトンとした表情をしていました。

「え、いつ？　私が？」

彼は自分が人の話を遮っていることを全く自覚していませんでした。悪気はなかったのです。わざと遮っているのではなく、そのことで相手が嫌な気持ちになっているのをわかっていなかったということです。

それから、私は彼と話すとき、話を奪われる度に、

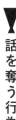

「ほら！　まだこっちの話が終わってないですよ」

と注意するようにしました。そのうち少しずつですが、話を奪う行為は改善されていきました。癖は自分ではなかなか気が付かないものです。**他人に指摘されるか、本気で自分の言葉遣いや行為をチェックするしかありません。**

人をためすような作為的な質問をする人

相手に答えの選択肢を与えるつもりがないのに、あえて質問する人がいます。自分の意見を正当化、もしくはその考えに確信を持っていることを強く主張したいがためです。

上司と部下の次のようなやりとりを見てみましょう。

「その案件についてクライアントから問い合わせがあってから、もう3日経ったよ。誰かに手伝ってもらったらどう？」

「え、でも今回は任せると言っていただきました。もう少しでまとまりますので」

「タイミングが大事な案件だから。佐藤さんにも手伝ってもらって早く仕上げなよ」

「そ、そうですか。わかりました」

このシーンでの上司の最初の質問は、すでに部下には任せておけないと思っていることを示唆しています。上司の心のなかにある「なにやってるんだ。時間をかけすぎている」という気持ちが、「もうさっさと手伝ってもらえばいい」という思いに変わり、「手伝ってもらったらどう?」という質問につながっているのです。

ですが、人は押し付けを嫌います。このように上司に言われては部下はモチベーションを下げてしまうでしょう。実際、命令された部下としては、最初に任せると言われて頑張っていたところ、急にダメ出しをされ、落ち込んでしまったようです。

このような作為的な質問は質問者自身のために行うもので、問われた人は決してよい気分になれません。

では、どのように聞くとよいのか。まずは相手に寄り添う気持ちが大切です。

先ほどのケースで言えば、

「問い合わせのあった案件だけど、企画はまとまりそう？」

「はい。ちょっと時間がかかってますが、なんとか週明けには提出できます」

「そうか、大事な案件で競合他社の存在もあるからね。どうすれば採用されるか、もし困ったことがあったら相談してよ」

「ありがとうございます。実は先方がどういう基準で判断するかわからないところがありまして……」

「どこ？　これは前に佐藤さんが担当したものと似ているから、聞いてみるといいよ」

「そうですね、相談してみます」


このように進めたほうが、部下のやる気は低下しないでしょう。

先の悪い例では、自分の苛立ちを質問という形でぶつけ、相手の答えを聞かずに命令してしまっており、根底に非難や批判の気持ちがあります。自分の根底にある思いを晴らして落ち着くのは単なる憂さ晴らしです。そうではなく、**上司として部下を伸ばし、よい結果に導くにはどうすればいいかを考えれば**、前述のよい例のような聞き方になるはずです。

▼知っていることを質問して誘導するのはＮＧ

私が製薬会社から医薬情報担当者の研修を受け持ったときの話です。その日は、ドクターへの情報提供を想定したロールプレイングを行いました。

内容は、ある疾患に対して1日に2回飲む必要がある自社の薬の売り込みです。薬の効果にはしっかりとした実績やデータがありますが、ライバル会社からは1日1回の服用で済む薬が提供されています。患者への負担という理由から、ドクターは自社の薬をなかなか選んでくれないというのが悩みです。

その情報をもとに受講者を医者役と担当者役に分けて、自社の薬の売り込みのシミュレーションを実施しました。すると、次のようなやり取りが交わされました。

「先生、確かに1日1回のほうが患者負担が少ないというのはわかります。ただ、患者さんはこの薬だけでなく、複数の薬を飲んでいませんか？　糖尿病の薬や血圧の薬などです。だいたい1日に何種類の薬を飲んでいる患者さんが多いのでしょうか？」

「人によって違いますが、他に2、3種類飲んでいる人が多いのは確かです」

「そうですか、先生。それではこのデータをご覧ください」

このとき、担当者役が取り出したのは、自社の薬を服用している患者が、他に何種類の薬を飲んでいるのかを表すグラフデータでした。

「ここにある通り、3～5種類の薬を飲む患者さんが全体の60パーセントを占めています。ですから、他の薬で1日2回飲んでいれば、結局同じことではないでしょうか？」

「うーん、そうだとしても、患者さんはできれば1回にまとめたいと思っているんじゃないでしょうか……」

このように話は進んでいきました。ロールプレイングはあくまで受講者同士で演じるものなので、もちろん実際のドクターが示す反応とは違います。

ここで私が気になったのは、**営業役の「患者は1日に何種類の薬を飲んでいるか」という問いは、その後に出す資料に記載されていることを述べたいがために発せられているという点です。**ドクターからすれば、「それが言いたかったなら、先にデータを出してもらいたい」と不愉快な思いを持つ人もいるはずです。

実際、医者役になってもらった方にそのときの気持ちを聞いたところ、相手への印象が悪くなったとのことでした。

本来であればグラフデータを先に出してから患者さんの情報を聞いたほうが誠実と言えます。

「こちらに3～5種類の薬を飲む患者さんが多いというデータがあります。先生の患者さんには当てはまる人は多いですか?」

と最初に聞けばドクターも答えやすいはずです。

誘導されたように感じれば、警戒する人もいます。また、本当のことを答えないという人もいるでしょう。相手に作為的な質問だと受け取られないか、いま一度、自分の発する言葉に気をつけてみてはいかがでしょうか。

話し手の意図をつかめず返事の内容が的外れになる人

会話の内容を全く理解していないと感じさせるようなズレた返答をする人も、聞き手としては問題があります。漫才であれば笑いになるのでしょうが、日常生活では違和感を与えてしまいます。


「今年の健康診断で血圧が高いって言われたんだ。それから毎日、胡麻《ごま》麦茶を飲んでるんだよ」

「え〜、勘弁してよ。毎日胡麻麦茶とか絶対ムリだよ、おれ」

この会話は山手線の車内で私が座っているときに、前に立っていたスーツを着た2人組が実際に話していた内容です。話し手は、「ハハ」と笑って聞き手の反応をスルーしていましたが、「なにを勘違いしているのだろう」と思っていたことでしょう。

話し手は胡麻麦茶について好き・嫌いを聞いたのではなく、健康方法を話したかったはずだからです。ですから、話し手はおそらく次のような展開を期待していたのではないでしょうか。


「今年の健康診断で血圧が高いって言われたんだ。それから毎日、胡麻麦茶を飲んでいるんだよ」

「炭酸水も高血圧にいいらしいよ。炭酸が血管を拡げて血圧を下げるとか聞いたことがあるよ」

「ホントに？」

「テレビでやってたんだけどね。でも、サイダーとか甘いやつじゃないほうがいいと思うよ」

「ウィルキンソンとか？」

「そうそう！」

これが普通の会話の流れだと思います。

では、なぜ私たちはズレた返しをしてしまうのか。そこには誰もが日常的に陥りやすい注意点が隠されています。

①瞬間の決めつけ

話を聞いた瞬間に、思いつきや勘違いで、「こうだ！」と決めつけてしまうことが私たちにはあります。

例えば、私は出張で愛媛に行ったときに、家族へのお土産として美味しいと評判のミカンを自宅に送ったことがありました。次の日に出張先から帰宅。家族で食卓でくつろいでいると妻が子どもに、

「冷凍庫のミカン、出して食べちゃいなさい」

と言いました。その瞬間、私は出張先から送ったミカンを冷凍庫に入れたのかと思って、

「おい、愛媛の高級ミカンだぞ。冷凍庫に入れるやつがいるか！」

と怒鳴ってしまいました。子どもと妻は、私のほうを見て、ポカンと口を開けています。

「なに言ってるのよ、スーパーで買ったミカンよ。子どもが『冷凍ミカンにするんだ』って言うから入れといただけじゃない。そんなに怒らないでよ」

冷凍庫に入っていたのは、スーパーで買った普通のミカンでした。私の勘違いだったのです。そもそも、出張先からミカンを送ったことすら妻に話していませんでした。それが自宅に届いて、開封されて、冷凍庫に入れられたと勝手に決めつけたのです。**冷静に考えれば、自宅に届くにはまだ配送に時間がかかるとわかるのですが、瞬間的に誤った認識をしてしまいました。**

② 自分に置き換える癖

相手の話をすぐに自分に置き換えて考えてしまう癖のある人は要注意です。**そういった癖がある人は、「私だったら」とか「私の場合は」という返し方が多いのが特徴です。**

先述した、高血圧の健康法についてズレた返し方をした人がまさにこのタイプです。

「血圧を下げるために胡麻麦茶を毎日飲んでいる」という人の話を、自分に置き換えて「オレは毎日なんて飲めない」という回答になっていました。しかし、話し手が言いたかったのは、自分なりの健康法です。そこに聞き手がなにかプラスになる情報を返していけば話し手も喜びますが、自分は飲めないなんて返していては、会話はそこで止まってしまいます。

余談ですが、私はカウンターだけの小さな焼き鳥屋で飲むのが好きです。カウンターの向こうにいる店主と時々喋ったり、馴染みのお客さんとの気楽な会話ができたりするからです。

ある日、その店に若い女性の2人組が入ってきました。カウンターだけの焼き鳥屋ということもあり、若い女性の来店は珍しく、一瞬店が静かになりました。それも束の間、いつもの雰囲気になった店内で、その女性のひとりが、
「私、1本で注文したいんですけど、いいですか?」
と店主に聞きました。その店は「1品2本から」とメニューに書いてあります。1本から頼めるのは、常連さんだけの特権と言ってもいいその店の暗黙のルールでした。店主は、常連もいるため、

「お客さん、すみませんね。うちは2本からお願いしていまして……」

と申し訳なさそうに言いました。すると、

「え〜、そうなんですか」

と女性も残念そうな様子を見せます。店主は、

「せっかくなのでお二人で分ければいいんじゃないですかね。お連れ様と一緒に1品を頼んで、2本を1本ずつ食べるんです」

と提案しました。女性は聞き分けのよい人で、

「あ、そうですよね。分けて食べればいろいろな種類を食べられるし。そうしょっか」

と顔を見合わせてうなずいています。私は問題がうまく解決してよかったと思いました。しかし、その直後です。店主がなにを思ったのか、

「焼き鳥は太らないし、2本食べたって全然平気ですよ。鶏肉が一番ヘルシーだからね！」

と言い出したのです。

その女性2人組は返答に困り、メニューを見ながら、「へ〜」と言うだけです。

店内はシーンと静まり、私の心のなかには「なにを言っているんだ。太ることを気にしてたわけじゃないだろうに……」という気持ちが漂いました。店主の勘違いなのか、先入観なのかはわかりませんが、人によっては嫌味と受け止めて気分が悪くなったかもしれません。

繰り返しになりますが、**聞き手が話し手の話を自分のことに置き換えて返答をするのは要注意です**。それがズレた返しになって、会話が途切れたり、違和感を与えたりすることがあるからです。

考える力が乏しく思い込みで理解しようとする人

先日、私の会社で次のようなことがありました。

その日は午後に重要な会議の予定があり、参加する入社2年目の若手に、念のためにこう伝えました。

「奥村君、午後から大事な会議があるから、お昼、気を付けてね」

「はい！　わかっています」

そして会議が始まると、彼の周囲から強烈なニンニク臭がします。私は小声で、

「お昼、なに食べたの？」

と聞くと、

「餃子定食です」

と彼は悪びれもせず答えました。

「会議室にニンニクの匂いが充満してるぞ。言ったろ、気を付けろって」

「え？　そういう意味だったんですか。時間に気を付けろってことかと思いました」


笑い話のようですが、実際にあった話です。

伝えた内容を、こちらの意図した通りに相手が受け取ったのかどうか、私の確認不足もあったかもしれません。しかし、会議の場という密室で、匂いのキツイものを食べた自分が参加するとどうなるのか。それくらいのことは考えてほしい、と思いました。

言われたことに対して、自分の思い込みだけで理解して完結させてはいけません。「こう」だと思ったらそれ以降、そのことを考えないというのは短絡的な聞き手です。優れた聞き手は**聞いた直後は思い込みで誤解したとしても、少し時間が経ってからその真意に気付くことができます**。

では、どのようにして気付くことができるのか。

先ほどの例で言えば、私の言った内容とその後の彼の行動を照らし合わせれば、

昼食を食べるときにでも、

「もしかしたら、匂いのこともあるから、気を付けろって言ったのかな」

と思い付くことができたかもしれません。

勘違いで終わらせないためには、**聞いたことを頭のなかで一度保留する。そして、その後も思い起こし、吟味するように心がけるのです。**

もちろん、話し手の「普通はこう考えるだろう」「ちょっと考えればわかるはず」という姿勢にも問題があるのは確かです。経験したことがない人に「そのくらいのことはわかるでしょ」と言ってしまえば、相手は嫌な思いをすることになります。両者が努力し、工夫して、互いに理解していくのがコミュニケーションですから、先の例も聞き手だけを問題視することはできません。

ただ、**優れた聞き手を目指すならば、聞いた後に考えることの重要性と難しさを理解しておくべきだろうと思います。**考えるチカラの乏しい聞き手は、良好なコミュニケーションを目指す話し手から面倒な相手として認識されてしまいます。

考えるチカラのある聞き手を目指しましょう。

聞くことができない人はなぜ多いのか？

人の話をしっかり聞くことが重要であるという点に異議を唱える人はいないでしょう。それがわかっていながら、話を聞けなくなることがしばしばあるというのが現実です。そのときに客観的に「まずいぞ」と頭のなかで警報を鳴らすことができるかどうか。それがよい聞き手になれるかの分かれ目と言えるでしょう。

左のチェックリストを記入してみてください。

□早合点で話の内容を聞き間違えたことがある
□話が長くなると、集中できなくて話の内容がわからなくなることがある
□興味がない話だと、聞きながら頭のなかで他のことを考えてしまうことがある

□相手の話し方が下手だとイライラして、聞く気がなくなることがある
□自分が話すことを考えてしまって、相手の話を聞けなくなるときがある
□思い付いたことを言いたくて、話の途中で口を挟んでしまうことがある
□自分とは反対の意見を聞くときに、怒りや苛立ちが先行してしまうことがある
□話の展開や結論が想像できると、もう聞かなくてもいいやと思うときがある
□自分の持論、先入観から、「そんなことあるわけないだろ」と否定的に聞いてしまうことがある
□話の内容に思い当たる節があると、そのことを考えているうちに話が先に進んでしまうことがある

このチェックリストは、人の話を聞けなくなる代表的な原因です。

当てはまる項目はいくつありましたか？　過去に当社の研修を受講した人の記録を調べてみると、4項目に該当するというのが平均値でした。まずは自分の傾向や癖を知ることが、改善の第一歩です。

一流の聞き手を目指そうと聞く技術を見直すとき、テクニックばかりに気をと

られてはいけません。自分の聞き方の癖を放っておくと、あるときは上手に聞くことができても、あるときにはスムーズに聞くことができず、結果として中途半端な聞き手になってしまいます。テクニックも大切ですが、**まずは長年かけて自然と身につけた習慣を変えることが重要です。**

▼理解力を高めるためにロスとなる原因を減らす

どんなに優れた人でも、自分の感じたこと、伝えたいことを最大70％程度しか言葉で言い表すことができないと言われています。一方、聞く側も、話し手が意図したことの最大70％程度しか理解しないと言われています。

つまり、**話し手の頭のなかにある100の言いたいことは、最大でも49％（100％×0.7×0.7）しか聞き手の頭に届かない**、ということを意味しています。この数値は最大なので、もちろん状況によってはもっと低い数値に変化することも十分にあります。ボキャブラリーや表現力、場の状況等で変わるので、一定ではないからです。

私たちは自らが経験してきたこと、学んできたことを元に話を意味付けして理解していきます。その過程で3～4割は聞き流されるか、誤解されるか、正しく伝わらないのが現実です。ましてや、先のチェックリストのような聞いていない状態に陥っていれば、さらにロスは増え、1割か2割しか伝わらないこともしばしばあります。ですから、まずはそのロスをなくすためにチェックリストで当てはまった項目を意識して改善するように努めましょう。

話の半分を理解できたらよいということになるので、8割ほど理解できる聞き手はかなり優秀ということになります。

第2章

聞き上手が会話をリードする

聞くことができなければ話すこともできない

ＮＨＫで２０１０年まで放送されていた「週刊こどもニュース」を長年担当していた池上彰氏は、著書『伝える力』（ＰＨＰ研究所）のなかで興味深いことを語っています。

彼は番組が始まる前に、ニュース原稿をなるべく簡単な言葉や表現に直します。そして子どもたちに内容を理解できるかどうか、聞いてみるのだそうです。子どもから「わからない」という指摘があった箇所については、もっと噛み砕いてリライト。これを繰り返してやっと子どもに伝わるニュース解説を作ることができると述べています。

どこがわかりにくいと感じるかは、実際に子どもたちに聞いてみないとわかりません。だから子どもたちは私の先生であったとも池上さんは語っています。

　このことからも私は、**相手に伝わるように話すためには、その本人に直接聞くことが大切であると思っています。**たとえ何万語という言葉の知識や語彙《ごい》を持っていたとしても、聞くことを怠れば、伝わる話し方はできないのです。

　相手がなにを知っていて、なにを知らないのか。それがわかれば、焦点を絞った説明ができます。またなにに関心があって、なにに無関心なのかわかれば、惹きつける話をすることもできます。つまり、聞くことは話すために必要な行為であり、相互理解、コミュニケーションにおいて話すこと以上に重要なスキルであると言えます。

　ところが、一方的にまくし立てる人、人の話を押しのけて話そうとする人、まずは自分の意見を聞いてほしいがために話すことを優先する人、そのような大人が多い現実を見ると、聞き方を学ぶことがいかに大切かを思い知らされます。

直接相手に聞くことの重要性

　先日、こんな内容のTwitterが話題になっていました。

「会社の飲み会の席で先輩に、『敬語なんて使わなくていいよ、楽にして』と言われるととても困る。正しい言葉遣いや距離感の取り方が苦手なため、敬語という決められたコミュニケーション方法が楽だ」

私はこのような意見が存在することを知って驚きました。実際に私自身も新しく入社してきた人や出会った若者と飲みに行くときは、

「硬くならずに、気楽に喋ってよ」

と言っていたからです。

その後、私の心のなかには、もしかしたら彼らは私の言葉で困ったのではないかという思いも浮かんできました。もちろん、フランクな話し方を提案されたほうが嬉しい人もいるでしょう。しかし、そうではない人もいることを知った以上、私の取り組みが不足していたのは明白です。

ではどうすれば、飲み会の席で親切のつもりで言っていたことが、実は相手を困らせていたかもしれないということに、もっと早く気付けたのか。

ズバリ、**その場で直接相手に聞いていれば知ることができたはずです。**

「気楽に喋っていいけど、なかなかそうもいかないかな？　どんな風に話すのが

楽かな?」

　このように聞いていたら、もっと早く「敬語によるコミュニケーションのほうが楽」という意見を知ることができたかもしれません。聞かなければ話せない。それはわかっているようで、ついつい忘れがちです。ぜひ皆さんも意識してみてください。

聞く行為は受け身ではなく積極的に表現すること

聞き手は情報の受信者であることから、聞く行為は受け身であるようなイメージを抱かれがちです。しかし、**実際は聞いていることを積極的に相手にアピールするので、情報の発信者でもあります。**

コミュニケーションは人と人とのやり取りです。メールの送受信とは違い、場の空気が存在します。表情や態度などから受け取るニュアンスもあり、様々な情報が行き来しています。一方的に発信する、それを受信するという単純な構図ではありません。

しかし、現実にはそういったコミュニケーションが成り立っていないケースもあるようです。例えば、ある大学の講義では、勝手気ままにお喋りをする学生と、それを気にせずロボットのように講義内容を読み上げる教員がいるようです。これでは授業が成立しないどころか、学生と教員のやり取りが存在していません。話し手と聞き手が双方、積極的に参加する姿勢を示さなければ、コミュニケーションは成立しません。

この例は極端ではありますが、「聞くことは表現すること」と言えます。相手に話を聞いているということを、態度や相槌、目線などで発信する必要があるのです。

聞くことは表現すること

聞き方が下手な人の多くは、受け身の姿勢になっています。ちゃんとうなずいて相槌を打っているから、悪い聞き方はしていないと思っているのです。しかし、これでは最低限の聞き方ができているに過ぎません。

『4分間交渉術——「第一印象」の心理学』（阪急コミュニケーションズ）の著者として知られるジャネット・G・エルシー氏は次のように述べています。

「笑顔を浮かべる人は、にこりともしない人よりも魅力的だと思われる。その上、無表情の人よりずっと信用が高い」

聞くことは表現すること。**優れた聞き手は相槌を打つだけではなく、表情やジェスチャーなどで積極的にアピールします。**その具体的な方法について次の項からたっぷりとお伝えしていきましょう。

相手の心をつかむ基本は共感を示す傾聴にあり

ここで、基本的なことに触れておきます。人の話を聞くときには、**まず相手が話しやすいと感じる反応を返していくことが必要です。**これを傾聴と言い、聞き方の基本となります。

例えば、話している最中に聞き手が腕時計をチラチラ見ていたら、気になりませんか？　私は話しているときに、おでこの辺りをチラチラと見られたら、とても気になります。おでこが脂ぎって光っているのだろうかと考えてしまって、話に集中できません。

このように聞き手の反応が話し手に与える影響はとても大きく、それによって話しやすさは変わります。だからこそ、聞き手になったときは相手が話しやすい反応を示すことが大切になってきます。これは場合によっては、より多くの情報を引き出すことにもつながります。

例えば、二人の後輩がいるとしましょう。一方は聞き上手で、もう一方は反応の薄いタイプです。あなたはどちらに多くのことを教えるでしょうか。普通は前者だと思います。反応のよい聞き手には、思わず様々なことを喋ってしまうからです。

それでは、よい反応とはどのようなものか、具体的に3つの例を挙げていきます。

① 話し手の動きを上回るリアクションで聞く

基本的に人は話すときに体を動かします。話しながら首を上下に動かしたり、身振りを交えて話しています。日常生活では微動だにせず話すことはほとんどありません。

それに対して聞き手は、**その相手の動きを上回るようにうなずくのがポイントです**。明確に何cmという基準はありません。相手の動きを見ながら、反応を返すことができれば、話し手は聞いてもらえている実感を得ることができます。ただし、第1章で説明したように、あまりにも大げさすぎるリアクションは相手に不快な思いを与える可能性がありますので、ほどほどが大切です。

②共感の言葉を多用せよ

自分の気持ちを率直に表現する人もいれば、事実だけを話して感情をあまり表現しない人もいます。国際的に見れば、どちらかと言うと日本人は後者に当てはまり、気持ちや感情を言葉にしないと言われています。

「ここのところ、プロジェクトの業務が忙しくて、毎日帰るのは深夜だよ」

会社でこんなことをぼやいた人がいたとしましょう。このセリフは状況を話しており、気持ちや感情を言葉にしていません。しかし、言葉の裏には当然、「つらい」「苦しい」「大変だ」という気持ちが存在しています。言わなくても気持ちを汲み取ってくれるだろうと考える日本人らしい表現です。

これに対して聞き手は相手の意図を理解して次のように返します。

「それはつらいよな」

話し手は言いたいことが伝わったと感じるでしょう。

「そうなんだよ、本当にキツイよ。体力だけではなくて精神的にもね」

このようにして安心して自分の気持ちを吐き出すことにつながります。

しかし、帰りが深夜だと言っている人に、

「ふ～ん、そうなんだ」

と返したらどうでしょう。この反応では話し手は物足りなく感じますよね。自分の厳しい状況をわかってもらえないことに落胆するでしょう。

人はすぐには自分の気持ちを話さないことが多いです。**そういったときには聞き手が話し手の感情面を汲み取って代弁してあげると効果的です。**これを「共感」と言い、傾聴の技術では最も重要視されている技術となります。

ただし、ここで気を付けなければいけないことがあります。共感は「感想」や「評価」とは違うということです。例えば、

「私、来週から家族でカナダに旅行に行くの！」

と嬉しそうに話す人がいたとします。皆さんはこの言葉に対してなんと返答す

るでしょうか？

「すごーい、うらやましいな〜」

と言ってしまわないでしょうか？　この場合の「うらやましい」というのは聞き手の感想です。共感ではありません。「すごーい」というのも聞き手の評価であり、共感ではありません。つまり、この返答では感想と評価を述べているだけになります。

ですから、ここではまず最初に、

「カナダに行くの？　楽しみでしょう？」

という具合に**話し手のワクワクした気持ちに寄り添った言葉を口に出すのが理想的な聞き方です**。そしてその後の流れで、

「そうなの！　もう、仕事なんて手につかないわ。早く行きたい」

「うらやましいな〜」

となればベストです。感想や評価を言ってはいけないのではなく、共感を先に発信。後から感想や評価を述べるのが理想だということです。

言葉の裏に隠れている気持ちや感情に目を向けて、いち早く共感の言葉を使う

ことができると、話し手が感じる心地よさは倍増するはずです。気持ちよく話すことができれば、あなたとの会話に満足してくれるでしょう。

③ 重要情報は言葉にして繰り返す

企業や行政に設置されているお客様相談センターでは、住所や電話番号など、間違えてはいけない情報は必ず繰り返すように教えられます。**重要な情報を繰り返すことで、話し手は内容が伝わったことを明確に確認でき、安心するからです。**

例えば、銀行に引っ越しの届けを連絡したら、電話オペレーターは必ず最後に次のように繰り返します。

「それでは福田様（名前の繰り返し）のお引っ越し先の住所は、千葉県柏市……（住所の繰り返し）でよろしいですね」

これはなにもコールセンターに限ったことではありません。日常のやり取りにおいても、意識して実行すべき傾聴のスキルと言えます。地名・場所名・数値・数量・日時など会話の内容に含まれる重要情報は必ず言葉にして繰り返す習慣をつけるといいでしょう。

次の会話は会社のスタッフ同士の雑談です。共感と繰り返しの言葉に注目して見てみましょう。

「年末年始に女房と俺の実家、両方に帰省しなくちゃいけないんだよ」
「両方？　それは大変だな」（共感）
「そうなんだよ。女房が静岡で俺が名古屋だから、同じ路線の新幹線なんだけどね」
「奥さんは静岡か。そっか、君は名古屋だったよな」（繰り返し）
このやり取りで聞き手はしっかりと重要な情報を繰り返しています。簡単なことですが、これが習慣になっていない人は、
「結構、離れてるね。なにも両方に行かなくてもいいのに」
と感想や意見を言ってしまいます。会話を壊すというほどではありませんが、人は自分のことをわかってほしいから話すということをまずは理解しましょう。その上で、共感や繰り返しを優先。それから感想や意見を伝えるようにしていくことが大切です。

無関心を関心に変えられると自分の世界が広がる

どれだけ相手の話を理解しようと心がけても、知らない事柄や興味のない話題では積極的に聞く気になれないときもあるでしょう。その気持ちはよくわかります。

そのようなとき、私たちは退屈だと感じても、大人としてそれを顔に出さないようにするのが普通です。しかし、話し手は相手の態度や反応に敏感です。聞き手の心中が無関心であることは、ちょっとしたことで話し手に伝わります。

例えば、話している最中に一瞬目を逸らすだけで、この人は私の話に興味がないなと思われることもあります。また、「うんうん」と相槌を打っていても、ところどころ少し下を向くだけで、この人は他のことを考えているなと思われる可能性もあります。

では私たちは、心のなかがバレないように、うまく隠す技術を探すべきなのでしょうか？　それとも、自分自身の無関心に対処すべきなのでしょうか？
もちろん答えは、後者です。関心を持って相手の話を聞けるようになれば、自分にとってプラスになるからです。

「私は知識の大海原を前にして、海岸で砂利を集めて喜んでいるに過ぎなかった」

これは17～18世紀に活躍したイギリスの天才学者アイザック・ニュートンの言葉です。直接経験できないことや知らないことは、知識の大海原に行って手持ちの器ですくってみなければわかりません。それをできるのが『聞く』という行為になります。

他人の話は決して面白いものばかりではありません。確かに退屈なものも多いでしょう。しかし、「つまらない話を聞かされる」と苦痛を感じるのか、自分がいままで興味を持つことのなかった新しい経験との出会いと考えるのか。**「面白い」と思えるかは自分の捉え方次第です。**

▼優れた聞き手は興味・関心が高い

私が優れた聞き手と出会ったときの話です。

私は、ワインの味がよくわかりません。美味しいと思う銘柄もなかにはありますが、好んで飲むことはいままでありませんでした。一方で、日本酒は好きで、銘柄や酒造にも関心を持ち、そこそこ詳しいと自負しています。

そんな私に、ワインの話を長々としてくる人がいます。仕事帰りにしばしば寄る居酒屋でたまたま隣り合わせた、私よりかなり若い男性です。初めは、興味のないワインの話にうなずいていましたが、私があまり反応を示さなかったためか、彼は自分から別な話題に変えるようになりました。

数カ月の間に、彼とはそのお店で何度も会いました。次第に、私の好きな日本酒の話が多くなっていったのですが、ある日、彼から、

「日本酒の会があるから一緒に行かないか」

と誘われました。聞いてみると、私の話をきっかけに、日本酒に興味を持つよ

うになり、連休には酒蔵ツアーにも参加していたとのことです。知識もいつの間にか、私よりも詳しくなっていました。

私は彼の好きなワインの話には耳を傾けようとしなかったのに、彼は自分と違う好みだからと敬遠せずに、**日本酒について興味を持って聞いてくれていたのです。しかも、話を聞くだけでなく、知識を深めるために自ら行動していました。**

彼とはそれ以降も交流が続き、いまでは私の日本酒とワインの師匠です。私もワインのことに興味を持ち、できる範囲で調べたり、実際に味わってみたりして、少しずつその魅力がわかるようになりました。

自分の無関心を関心に変えると、自分の世界が広がります。そうやって新しい世界へと踏み出し、多くの人と交流してこそ、一流の聞き手なのだと、身をもって感じた体験でした。

聞く行為はときとして無意識の自己主張となりえる

「どうしました？　気になることがありましたか？」

会話の最中に知らず知らずのうちに表情が曇ったり、意見がありそうな表情を浮かべると、話し手からこのような声をかけられることがあります。

皆さんも、実際のコミュニケーションで経験したことがあるでしょう。

このとき話し手は聞き手から発信される無言のメッセージを察知しています。表情や目線などから、なにか言いたいことがあるのかもしれない、と判断して相手を気にかけているというわけです。

表情や態度を伴う聞く行為は、ときに自己主張となりえます。

わかりやすい例が企業の採用面接です。

採用面接に臨む人の多くは、質問にうまく答えることばかりを考えている傾向にあります。しかし実際は、面接官はその人の聞く姿にも注目しています。興味を持って聞いているのか、その姿勢から見えてくる心のなかを探っているのです。

ですから、**質問されたことにうまく答えられたと思って油断していると、聞く側に回っている最中の姿を見られ、減点されることもあります**。態度や反応が薄く、周囲の話を流していると軽率な印象が生まれて、その場しのぎの仕事をしそうだという先入観を持たれる可能性があるのです。

繰り返しになりますが、聞く行為は話を受け止めるだけでなく、あなたの意思や考えを発信していると思ってください。自分の真剣さ、強い思い、場合によっては反論の存在などを聞いている姿で主張。話し手にも積極的な態度を求めることができます。

聞く態度に主張が表れることもある

私は行政職員を対象に「住民説明会実践訓練」という研修を年に数回ほど担当

しています。参加者は道路工事や助成金制度などを担当している方たちで、毎月、多いときは毎週の頻度で住民説明会を行っています。

ある日、受講者にこれまでの現場での体験を聞くことがありました。

ある人は壇上に立った瞬間に説明会に対する住民の意思が手に取るようにわかると話してくれました。どういうことかと言えば、その議題について**明らかに反対の人が多いと、表情や姿勢から会場の雰囲気は凍りついているそうです**。会話によるコミュニケーションをする前に、住民の主張は聞く態度によってすでに表れているというわけです。


聞く態度に主張が表れることは海外ではより顕著になります。例えば欧米のテレビドラマでは言葉を発する前のオーバーなリアクションで、主張を表していることがよくありますよね。

「信じられない、そんなはずはない」という意味を、両手を広げて口を大きく開けて伝えたり、嬉しいときは片手を胸にあてて、顎をひき、目をパチパチさせて喜びを伝えたりします。

反応と態度で最初に意思を伝えながら、その後に言葉を追加するので、コミュニケーションとしてはとてもわかりやすい。**このような非言語コミュニケーションを身につけることも、優れた聞き手として重要なことです。**

非言語コミュニケーションを意識して話を聞く

言葉以外の態度や表情などで何らかのメッセージを伝えることを「非言語コミュニケーション」と言います。言語と非言語、どちらもコミュニケーションにおいては重要なものです。

ただし、聞き手は、話し手よりも非言語コミュニケーションが重要となります。先にもお話しした通り、聞き手の態度が話し手に影響を与えているのは、この非言語コミュニケーションが存在しているからです。

非言語研究で有名なバード・L・ウィステル氏は、次のような研究結果を発表しています。

「2者間の対話では、言葉によって伝えられるメッセージ（コミュニケーションの内容）は、全体の35％に過ぎない。残りの65％は、話し振りや動作、ジェスチャー、間の取り方など、言葉以外の手段によって伝えられる」

つまり、コミュニケーションでは非言語の役割はかなり大きいということです。このことからも、何気ない動作や表情が、話し手からどのように見られているのか、という点には気を配ったほうがいいと言えます。

そして皆さんに知っておいてもらいたいのは、**言語よりも非言語にその人の本音が現れやすいということです**。言葉は巧みに嘘をついてごまかすことができますが、態度や表情は簡単には取り繕うことはできません。例えば、

「最近、真剣に転職を考えているんだ」

そう言う相手の表情が、ニヤニヤしているとあなたはどう思うでしょうか？その人の表情から、本気で転職を考えているわけじゃないと判断すると思います。

言語と非言語が不一致の状態になると、人は非言語のほうを信用します。だからこそ、私たちは聞き手としてコミュニケーションに参加しているとき、常に言

語と非言語の一致を目指すことが求められます。言い換えれば、**誤解されるような非言語メッセージを発信しないように注意を払う必要があります。**

実際に、聞き手が意識すべき非言語コミュニケーションはいくつかあります。ここでは代表的な４パターンを簡単に解説しましょう。

① 腕を組んで話を聞くのは好ましくない

偉そうな印象を与えがちです。さらに、相手に対して壁を作るようなイメージを与え、話し手は親しみを感じない傾向があります。腕は組まずに、できるだけ手を動かしてダイナミックにジェスチャーしましょう。

② 前傾姿勢を心がける

前のめりで聞く、というのは真剣な姿勢の表れと多くの人が感じます。対面して話しているときは前傾姿勢を心がけましょう。

③ 目を見て表情を合わせる

聞き手の目線が散ると、集中して聞いていないという非言語メッセージとして相手に伝わります。目を見て聞くのはもとより、表情を相手に合わせることも大切です。接客場面では微笑む程度の笑顔を作り、商談などの交渉場面では真剣な表情で聞きましょう。目線が相手に与える影響力は、非言語コミュニケーションのなかで最も強いということを忘れないでください。

④ 爽やかな印象は笑顔やジェスチャーから生まれる

見た目の美しい女性や男性はコミュニケーションにおいて得である、とよく言われます。それだけで非言語のメッセージが肯定的に解釈され、言語を強力に補強するイメージがあるようです。

確かに美しい人は印象がよく、その発言を肯定的に受け止める人は多いのかもしれません。しかし、好印象というのは、表情や態度など一連の動きのなかで判断されるものです。自分の顔の作りを嘆くことはありません。非言語が言語と一致し、肯定的な解釈をされるべく自分の印象をよくするには、笑顔を増やしたり、ジェスチャーを使って反応したりするなど体の動きに気を配れば可能です。

第3章

人望の厚い人は聞く姿勢が違う

相手が話しやすい環境を整えて意見を求める

大勢で会議をしていると、意見があちこちに飛ぶことがよくあります。そのようなとき、議論のまとめ役であるファシリテーターはどのように対応すればよいのでしょうか。実は聞き手としての能力が試される場面のひとつです。

例えば、会社で出展予定のフォーラムがあるとします。出展スペースでなにをやるか、社員が意見を出し合っているのですが、なかなかまとまりません。

「そもそも日程が悪いのでは」

「このフォーラムにはA社も出ているがあそこは……」

というように、最初のテーマからだいぶずれてしまって収拾がつかなくなるのはよくあることです。そんなときにある人が議論をまとめようと声を上げたとし

ます。こういった場面では普通なら、

「ちょっとみなさん、お静かに。彼の意見を聞きましょう」

とファシリテーターは参加メンバーを制して聞くように誘導するでしょう。

しかしながら、議論をまとめようと声をあげた人は、この行為によって話しやすくなったと言えるでしょうか？　発言の場を用意したこのファシリテーターは、場のコントロールに長けていると言えるのでしょうか。

むしろ、話しやすくなったどころか、参加者の視線が集中。「なんだ、言ってみろ」という無言の圧力から緊張感が高まって、上手く喋れない可能性があります。

ですからこのようなシーンは、**まずは一番大きい声を出している人に注目させるのがポイントです。**

「斎藤さん、あなたのご意見を他の人に教えてくれませんか」

そう言ってまず場を静粛にさせ、声の大きな人に意見を述べてもらいます。その次に2番手として本当に喋ってもらいたい人を指名します。

「では、近藤さん、ここまで意見を聞いてどうでしょう？」

こうすることによって議論をまとめようとしてくれた人は話しやすい空気で意見を述べることができます。

ディスカッション・リーディングを提唱するハーバード大学のクリス・クリステンセン氏は、討議を創造的に導くための秘訣として次のように述べています。

「大勢の話し合いでは、多数派は数が多いというだけで有利になる。リードしているファシリテーターは、あえて少数派に加担せよ」

場の整え方のひとつとして参考になる意見です。優れた聞き手というのは、発言者が話をしやすいように環境を整える力を持っている人と言えるでしょう。

少人数での話しやすい環境の作り方

話しやすい環境を作ることが大切なのは、大人数が集う会議だけではありません。2人や3人といった少人数の話し合いのときでも一緒です。

例えば、部下にやっかいな仕事を頼むために、会議室に呼び出して2人きりで説得するシーンを想定してみましょう。あなたは、その仕事の重要性、部下の能力への期待など話すことを整理して臨んだとします。

さて、どのように話を切り出すのが正解でしょう？

「実は、いま抱えている仕事以外に新しいプロジェクトで君の力が必要になったんだ。このプロジェクトは会社としても……」

やってしまいがちな切り出し方ですが、このように話し始めてはいけません。

まずは、**優秀な聞き手に回ることを心がけます**。

「実は、やっかいな仕事を頼みたいと思って呼んだんだ。ただ、押し付けるつもりはないから、ちょっと君の仕事の状況を聞かせてほしい」

最初に相手の状況を聞こうとする姿勢を見せることが重要です。その上で、これから頼む仕事がどのくらいの負荷になるかを一緒に考え、妥協点を探るようにします。そうしなければ、部下は気持ちよく引き受けてくれないでしょう。

まずは先に話してもらって自分は聞き手に回る。これが説得や交渉の場面の鉄則です。

ハーバード流交渉術で世界的に知られるロジャー・フィッシャー氏も、その著書『ハーバード流交渉術　必ず「望む結果」を引き出せる！』（三笠書房）にて「相手の話に耳を傾けることは、交渉でできる最初の譲歩である」と述べています。

話をしやすい環境を作るのは、聞き手の責任だと考えましょう。

話し手の伝えたいことを引き出して本質を聞く

部下が上司に業務を報告する場面では、よく「結論から話せ」と言われます。結論から先に述べたほうが、聞く側としては話の要点がわかりやすいためです。

一方で部下の視点に立つと、自分がその結果を出すためにどれだけ大変な思いをしたかを伝えたく、そして評価してほしいと願っています。

次のシーンは大型案件に取り組んでいる部下とその上司のやり取りです。

「どうだ？　うまくいきそうかい？」

「それが、先方の部長が厳しい人なんです。担当者は応援してくれていますが……」

「なんだ、それじゃダメになりそうなのか？」

「いや、まだダメになったわけじゃないんです。企画書を練り直して再提出することになりまして……」

「それを先に言ってくれ！」

これが、結論を先に言わなかったために叱られるパターンです。しかし、上司が優秀な聞き手である場合、少し違ってきます。

最後の上司の一言が「それを先に言ってくれ！」ではなく、

「お！　首の皮一枚つながったか！」

に変わります。そうすると部下は、

「はい、なんとか。ただ練り直すにあたって、向こうの希望する導入時期に対応できるかどうかが問題で正直困っています」

「そうか、向こうの希望はいつなんだ？」

といった展開を期待できるようになります。

つまり、結論から先に話すことができない部下を叱るよりも、**問題の本質を追求し、相談に乗ろうとするのが優秀な聞き手であり**、よい上司であるということです。

報告のセオリーとして、確かに「結論から先に話す」ということは大切です。ですが、仕事の本来の目的は成果を出すことです。セオリー通り報告しない部下の仕事振りを問題視するだけでは視野が狭いと思いませんか？　その先の話を促し、部下が言いたいことを全て言えるように誘導していくほうが、成果につながりやすいはずです。

そのため、上司にはまず相手に話したいことを話させる度量が求められます。そして、聞き手という観点からも話し手の願望を叶えつつ、大事な情報にアクセスできるほうが理想的です。

親子関係でも話し手の伝えたいことを聞いていく

同じようなことは親と子どもの関係にも当てはまります。子どもが今日あったことを一生懸命に話しているとき、親が口を挟んで全く違うことを言うと、子どもはがっかりします。

次のシーンは学校から帰ってきた子どもが親と話している場面です。

「今日の部活で、卓球部の1年のなかで誰が一番うまいか決めようってなったんだ。それで総当たり戦をやったんだ。僕なんて6人と対戦したから、ホント疲れたよ。最後の相手にスマッシュを打ったとき、卓球台の角にラケットが飛んじゃって、ブレードの部分が欠けちゃった」

このときダメな聞き手は次のように答えてしまいます。

「あのラケットは高いんだぞ。気をつけろよ、もったいない」

「ラケットが相手に当たったらケガさせるところだぞ。気をつけろよ」

これでは子どもの伝えたい感情を満たせずに、注意をしただけになります。ですから、こういった場面でも**まずは共感を示して、その後に話を促すのが理想的です。**

「ラケットはともかく、みんながんばったんだな！　結果は？」

さらに次のよう聞き方も優れた聞き手と言えます。

「そのスマッシュは決まったのかい？」

「もちろん！　あれを返されてたら、俺はラケットないし」

「ハハ！　そうだな。それで試合はどうなった？」

「勝ったよ！　僕が１番！」

「そりゃすごいな！」

ポイントは子どもがなにを話したがっているかを見つけること。ここでは、試合の結果をいきなり聞くのではなく、ラケットを飛ばしてまでスマッシュを打ったことに触れて子どもの気持ちを満たしています。

話してくれたことに対して肯定的な感想を述べる

アメリカの心理カウンセラー、レス・ギブリン氏は、人間関係の専門家として世界で広く知られています。彼はその著書『人望が集まる人の考え方』（ディスカヴァー・トゥエンティワン）のなかで次のようなことを述べています。

「相手に好印象を与えたいなら、自分のすごさをひけらかす必要はない。相手に感銘を与える最も効果的な方法は、自分が相手に感銘を受けたことを伝えることだ」

あなたは相手が話してくれた内容に肯定的な感想をどれだけ伝えられているでしょうか。せっかく相手が伝えてくれた内容に対して、「なるほどね」だけで終わっていることはありませんか？

聞き手からの肯定的な評価は、話し手にとって重要な意味を持ちます。自分の話がどのように解釈され、どのような影響を与えたのか、知りたいと思っているからです。そして、それは聞き手しか伝えることができません。

これはある会社から聞いた話です。

何者かがデータベースを書き換えて、ホームページに来た人を別のサイトに飛ばすという被害を受けたそうです。気が付いたときにはすでに、データベースの奥深くまで改ざん。もはや手が付けられず、専門の復旧会社に依頼する必要がありました。ですが、ある復旧会社に依頼すると、なんと半日で改ざんされた個所を全てクリーンにして、元の状態に復旧。セキュリティ上の重要なアドバイスまでしてくれたそうです。

その会社の社長は業者の対応の素晴らしさに感動。一連の内容を知り合いや友人に話しました。しかし、なかなか身近には感じられない話題だったためか、

「へぇー、そんな会社もあるんだね。今度紹介してよ」

などと周囲の反応は予想していたよりも軽い応答で終わったそうです。社長は自分の感じたその会社のすごさを伝えきれてないと感じ、少し残念な気分になりました。

しかし何人かに話したなかで一人だけ、違う反応を示す人がいました。

「うちもホームページは自社運営でやってるし、楽観的に過ごしているけど、いつ不正なアクセスがあるかわからない。もしなにかあったときに、そんな対応をしてくれる復旧の専門会社がいれば、心強いですね。そういう会社を探すツテもないので、よいことを聞きました。ましてそんなに安価でやってくれるなんて、技術に自信があるんでしょうね」

「そうなんですよ！」

社長は力を込めてうなずきました。彼が思っていることをまさに正確に返してくれたのです。伝えたかったことが伝わったのはもちろん、**その業者のすごさをその人の価値基準で評価してくれたことに、話し甲斐を感じたそうです。**

このエピソードからもわかる通り、**聞き手は肯定的な感想をできる限り伝える**

べきです。もちろん、好印象を手に入れるためのわざとらしい演技ではボロが出るかもしれません。ですが、もしもいままで心のなかに感心や感動を留めていたなら、ぜひそのストッパーを外しましょう。単なる聞き手からよい聞き手に、そして一流の聞き手へと成長するチャンスです。

話し手が抱えている痛みや悩みを聞き分ける

現代人は苦しみや悩みを抱えながら生きています。例えば、仕事の人間関係で悩んでいたり、将来の生活に対して漠然と不安を抱いたりする人は多いです。

そういった苦しみや悩みは心のなかに長く残ることもあれば、瞬間的に消える場合もありますが、**それをタイミングよく聞き取ることができる人こそ優れた聞き手と言えるでしょう。**心の痛みを吐露できることで、話し手は癒され、安心し、その人とのコミュニケーションに満足感を得ることができるからです。

私には、同業の仲間がいて、彼には中小企業経営者の苦しみを正直に言えます。それは私の痛みを聞いてくれて、理解してくれるからです。同じ仕事、立場、痛みを経験しているという共通点が大きいのでしょう。彼とはたまに話したくなるし、実際に話すと、翌日スッキリとした気持ちになれます。

人の心の痛みを聞くためには、同じような経験や人としての成熟度が最も求められますが、すぐに実践できることもあります。ここでは、2つの方法を紹介します。

① 出来事が与える影響を可能な限り想像する

ある会社の社長から聞いたお話です。その会社では若い社員が突如、2名退職してしまったことがあったそうです。もともと少ない社員で会社を回していたため、2名が同時に抜けるインパクトは大きい。社長がそれを周囲に愚痴っぽく語ると、

「若い人はそんなものだよ。また採用すればいいじゃないか」

と励ましてくれる人もいれば、

「自分から辞めてくれてよかったと思いなよ。いざ辞めさせようと思ってもなかなかできないからね」

とアドバイスをしてくれる人もいました。ただ、なかでも社長にとって一番の聞き手は、

「厳しいよね。社内の雰囲気も暗くなったりして、なにかこっちが悪いのかなって思って、自分の経営が正しいのか疑っちゃうよね」

と言ってくれる人でした。若手が突如2人も辞めたとなれば、社内にどのような影響を及ぼすのかを想像し、それを言葉にする。その人は、社長とは全く業種の違う、高校時代からの友人でした。励ましでもなく、アドバイスでもありません。痛みをわかってくれる人が、状況によっては最高の聞き手になるよい例です。

②他人の気持ちを実際にはわからないことを承知している

相手が感じていることを想像する努力はとても大切です。しかし、人によって感じ方は様々です。いくら真剣に考えても、その人の感情を全く同じようにトレースできるわけではありません。それを理解した上で聞かないと、安易に「よくわかるよ」と伝えても、話し手の心のなかでは、「お前にわかるはずがない」と反発心が生まれます。

「あなたの気持ちを完全に理解することは僕にはできないと思う。だけど、すごく残念だったろうな、というのはわかるよ」

と返されたら嬉しいと感じませんか？

これはあくまで映画のなかのセリフではありますが、ハリウッド映画ではこのような話し手の気持ちや感情を完全に理解できるわけではない、ということを踏まえた応答が頻繁に出てきます。

「彼女に対する君の本当の気持ちは想像しかできない。だけど、君たちみたいになりたいって思うな」

「あなたが味わったことを本当の意味で私が理解することはできないけど、つらかったのは見ててわかるわ」

どれも、安易な同調ではありません。本人にしかわからないことが存在するということを認めつつ応答しています。こういった聞き方ができると話し手は心地よさを感じるのではないでしょうか。

人の話を最後まで聞くためにわずかな沈黙でも大切にする

人の話を最後まで聞くことは簡単なようで難しい作業です。

あらかじめ時間が決まっていなければ、話がどこまで続くかわからないですし、最後まで聞こうと思って我慢していると延々と話す人もいます。実際、

「人の話を最後まで聞けているか」

と問われると、答えに困ってしまう人が多いのではないでしょうか。しかし、話し手からすれば最後まで内容を聞いてもらいたいと思うのは当然です。では、最後までちゃんと聞くにはどうすればよいのか。

「話し終わった？」

と相手に聞くのはもちろん失礼です。最後まで聞こうと思ってもどうすればいいのかわからない。そんな人はぜひ次の2点を意識してみて下さい。

① わずかな沈黙を大事にせよ

どんな話にも途中で区切りがあります。それは、次の話への転換点である場合が多いです。**話の区切りでは「間」が生まれますから、聞き手は話が終わったと勘違いしやすいポイントです。**しかし、そこで自分の話で割り込んでしまっては、一流の聞き手からは遠ざかります。

これからお伝えするのは、研修で使うテキストを作成したときの話です。私の会社は、企業ごとに研修プログラムを作っています。そのため、その都度テキストもオリジナルで用意することはよくあることです。

ある日、スタッフからこのような依頼がありました。

「福田さん、テキストを作ってほしいんです。期日は2週間で、お客様からの要望事項はこの用紙に書いてあります。カリキュラムはこれで、参考資料も添付してあります。大丈夫ですか？」

「はい、大丈夫だよ！」

私は気持ちよく返答して、資料を受け取りました。すると、そのスタッフは、

「ちなみに、ケーススタディで使う事例も作ってほしいと思っています。事例が3つ必要になります」

と追加の要望を述べます。しかし、この話を聞いたときにあることが気になりました。テキスト作成は研修費込みで受けていますが、事例作成は調べる作業に手間がかかることから、別途費用を請求することになっているのです。私はそのことを思い出して、

「事例作成費ももらえる会社なのかな？　それも2週間以内で3事例というのはちょっと……。そもそも……」

とついスタッフの話を全て聞く前に、自分の思い込みで口を挟んでしまいました。するとその社員は、

「福田さん、最後まで聞いてください。事例作成は確かに必要ですが、このカリキュラムを見てわかる通り、他社で実施したときのものと内容はかなり近いです。なので、そのときに作成したものを使ってもらえれば、新たに作る必要はないと思います」

「あ、そうなんだね。悪かった」

私はあわてて、口を挟んでしまったことを悔やみました。「最後まで聞く」ということができていないことに、反省しなければいけません。

このように、話の区切りで口を挟んでしまうと、勘違いで話の腰を折ってしまうことにつながります。**これを防止するには、続きはないか、相手の表情や態度を観察する。そして、わずかな沈黙を大事にしましょう。**

また、話の区切りで相手が一呼吸したら、そのときは黙って待つ。そして続きを聞くことが大切です。簡単なことのように思えますが、多くの人はできていません。沈黙への恐れから思いついたことを話したくなっても我慢するようにしましょう。

② 話し手に確認する

「話し終わりましたか？」と聞くのは失礼だと先述しました。確かに、この聞き方では、早く話し終わってほしいと思っているようで、相手を不愉快な気持ちにさせるでしょう。場合によっては、相手を怒らせてしまうかもしれません。

しかし、話の最後がわからないときは、やはり相手に確認するしか方法はありません。では嫌がられたり、不快にさせない確認の仕方はないのでしょうか。例えば、次のようなセリフはいかがでしょうか。

「他に、聞いておいたほうがいいことはありますか？」

このセリフのポイントは、**聞きたいという気持ちを主張することで、相手の親切心をくすぐっている点です**。似たような言葉でも、「他になにかありますか？」だと、相手に少し冷たい印象を与えますし、「他に話したいことはありますか？」では上目線になってしまいます。このようにわずかな表現や言葉を吟味することも、一流の聞き手には必要なことです。

若者は表現の微妙な違いに敏感？

わずかな表現の違いによって聞き手の受け取り方が変わるのは、もしかしたら若者のほうが顕著かもしれません。

これは、ある企業からの依頼で入社2年目の若手社員の研修を担当したときの話です。「新人のときに上司に言われてモチベーションが下がったセリフ」というテーマで参加者に議論してもらったのですが、あるグループから次の意見が出ました。

「先輩や上司に、『なにかわからないことがあったら聞いてね』と言われたときに、ちょっと嫌だな、できれば聞きたくないな、と思いました」

私は驚いて、

「それのなにがいけないのでしょうか？　新人はわからないことだらけだろうから、わからないことがあったら聞いてね、という意味で親切に言っただけなのでは？」

とグループの他の参加者にも聞いてみました。すると、

「それって、上からの目線じゃないですか？　言い方にもよるかもしれないですが、なんか偉そうに聞こえるんですよね」

と同じような意見が口を揃えて出ました。

「じゃあ、2年目を迎えた皆さんは、入社してくる新人になんて言うのですか？」

「『なにか知りたいことがあったら、教えてね』ですかね」

正直、ニュアンスの違いについてここまで考えるのは違和感がありましたが、私はすでにジェネレーションギャップを感じてしまう世代なのでしょう。同じことを聞くにしても、ちょっと表現を変えるだけで、意味は大きく変わるのだと実感した出来事のひとつでした。

少し脱線したので話をまとめると、最後まで話を聞くという簡単にできると思っている行為が、意外にできていない現実にまずは目を向けること。そして、話が終了したのかを確認するために、違和感のないセリフや表現を考えることが大切です。

第4章

傾聴の一歩先を行く！一流の聞く力

話し手が言葉にしていない気持ちを読み取る

大人は本心を簡単には言葉にしません。相手との関係の深さにもよりますが、人付き合いを円滑にするために、本心とは逆のことを平然と語る人もいます。

そして、言語には限界があるということも知っておかなければなりません。例えば、感情や想いをどのように表現したら、話している相手に正確に伝えられるのかと悩んだことは誰にでもあるでしょう。**人は伝えたいことの全てを言葉に変換できるわけではないので、相手の話を言葉通りに聞いているだけでは、内容の本質を聞き逃すことになりえるのです。**

それでは、隠されている本音や表現することが苦手な人の本心を知るためには、どうすればよいのでしょうか。

① 仮説を立てて聞く

私が「説明力強化研修」というテーマで、ある企業の研修を担当したときのことです。

演習のなかで「強く思い出に残っている出来事」という題で話す時間がありました。自分の思い出をグループ内の参加者に伝えて、それがメンバーにどのように伝わったのかを確認する作業で、説明力のレベルを客観的に知ろうという取り組みです。

参加者のひとりである社会人3年目の男性は、大学時代のサークルの話をしてくれました。ギターの弾き語りサークルに所属していたときの思い出でした。

毎日のように仲間と語り、練習をして、最初は弾き語りが恥ずかしいと思っていたのに、どんどん楽しくなっていったそうです。仲間と一緒に路上や駅前で弾いた思い出を語る彼の顔は本当に楽しそうです。最後の学園祭では仲間と肩を組んで泣きながら帰ったという話には、聞いている私もジワっと目が潤んでしまうほどでした。

「あのときの仲間との絆を、いまの職場の仲間とも築けるといいなと思います」

彼は最後にこう締めくくりました。

聞いていたグループメンバーは、

「青春の1ページを短い時間でわかりやすく話してくれた」

「絆の強さが伝わってくる」

と高い評価をしていました。

私もイキイキと話してくれて、その想いが伝わってきたと感じました。しかし、同時にひとつの疑問が浮かんできたのです。

なぜ数ある思い出のなかから、サークル仲間との絆の話を選んだのでしょうか？ そして最後の「いまの職場の仲間とも強い絆を築きたい」という言葉が妙に引っ掛かったのです。

そして私はある仮説に行きつきました。もしかしたら、**彼はいまの職場の仲間とよい関係が築けていないのでは？** 希薄な関係の職場に不安を抱いているのではないだろうか？ ということです。

私は彼に向けたコメントでそのことを聞いてみました。

「描写力、言葉の選択ともに素晴らしい説明でした。当時の想いもよく伝わってきました。ただひとつ聞きたいのですが、サークル時代の仲間との絆が懐かしく感じるというのは、いまの職場の人間関係に物足りなさを感じているのではないですか？」

するると、彼は少し困った表情をしながら、

「それはこの場で言えることじゃないでしょう、先生」

と答えました。おそらく私の推測は正しかったのでしょう。

研修には職場の人も参加していました。会社の人間関係が物足りないと言えば、批判と受け取られる可能性もあります。本心を漏らすことはできなかったのだと思います。

このように人は心を簡単には語りません。しかし、**話されたことから仮説を立てることで、話されなかった本音を探ることができます。**

②「感情の不一致」に注目する

会話のなかで発せられる言葉には必ず感情が伴っています。状況について解説

した言葉だったとしても、話し手の感情はその裏側に存在していることが多くあります。そして、状況しか話さず、感情を察してもらいたいと思う話し方は、日本人によく見られる傾向です。

例えば、次のように話している人がいたとします。

「せっかく子どもが生まれたからもっと構っていたいのに、残業続きで全然あやせないよ」

セリフのなかには、感情を表す言葉は入っていません。しかし、

「そうなんだ」

という反応をしては、話し手から手応えのない聞き手だと思われるでしょう。

一方で、

「それはつらいよな」

という**共感の言葉を発するのが、傾聴の聞き方になります**。共感が大切だということはすでに57ページでお伝えした通りです。

話し手の気持ちや感情に目を向けて共感しながら聞く傾聴は、社会人としてで

きていて当然です。もしあなたが一流の聞き手を目指すならば、こういった場面では、さらに「感情の不一致」に気が付く必要があります。

先ほどのケースと似ていますが、このようなやり取りがあったとします。


「2カ月前に第1子が生まれてね。いや～かわいくてさ！」

「それは嬉しいだろうね！」

「まぁね。かわいくてたまんないよ。今朝も、会社行く直前にグズりだしてさ、まいったよ～」


この場合、共感の言葉は「そりゃ、朝から大変だったな」というセリフになりそうなものです。しかし、**朝から子どもにグズられたと言いながら、話し手がニコニコしていたらどうでしょう？** 話し手は出社前に子どもをあやすことが楽しかったような様子なのです。ですから聞き手は言葉と表情の不一致を感じ取って、

「そんなこと言って、朝から楽しんでいたわけか」

と相手の本音を汲み取ってあげるのが正解です。そうすることで、

「ハハ！　そうなんだよ。グズると女房より先に俺があやすんだよね」

というように相手の心のなかに入っていけるでしょう。話し手は喜びをより多く伝えることができたと実感するはずです。

言葉からイメージできる感情と、表情や行動からイメージできる感情のズレを「感情の不一致」と言います。ここに気が付いて、実際の感情に共感を示すことができれば、普通の聞き手よりも一段上の聞き方ができるようになります。

聞きたいことを聞く前に相手が話したいことを引き出す

聞くことが苦手な人は聞きたいことが思い浮かぶと、相手が話している最中でも質問をしてしまいがちです。しかも、たいていの場合、本人はその質問が話の腰を折っていることに気が付いていません。これを解消するには、まずは質問を我慢できない自分を自覚することが大切です。

その上で、改めて質問が会話にどのような影響を及ぼす力があるのかを知っておくことが必要です。ここでは、一流の聞き手はどのような心構えで質問をするのかを確認していきます。

①質問という行為の注意事項

質問は、発したと同時に相手に回答を迫る強制力があります。話している途中に質問を受けた話し手は、その質問に即答しなければならないという縛りを受けます。

次の会話を例に解説していきます。

「俺、来年、ついに結婚することになったよ」

「おお！　そうか、おめでとう。いつ結婚式を挙げるの？」

「来年の6月だから、まだまだ先だよ。でも結婚式の準備って、結構大変なんだな。この間もさ……」

話し手はとても幸せそうに喋っています。そのようななかで聞き手が、

「ところで、総額いくらぐらいの予算で考えているの？」

と聞きました。話し手は戸惑いの表情を浮かべて、

「いや、そんなお金ないから、今回は70～80人くらいの規模で……」

と答えました。どうやら話し手は金銭的にあまり余裕がないようで、この質問が話し手の心情に水を差したようです。その後の会話はトーンダウンしてしまいました。

このシーンの問題点は、聞き手は頭のなかに浮かんだこの質問を我慢することができなかったことです。

もちろん聞き手が質問した理由はいろいろあるでしょう。自分が結婚式を挙げるときの参考にしたかった、すでに過去に経験した自分の結婚式と比べたかった、あるいは最近の若者が結婚式にいくらくらい使うのか興味があった、などです。

しかし、話し手からすると、結婚式の準備に奔走している自分の話を聞いてほしかったはずです。予算や金額の話をしたいと思っていたわけではないでしょう。つまり、話し手の伝えたいことは聞き手の知りたいことと必ずしも一致しません。

ですから、**聞きたいことが頭に浮かんでも、質問をするかどうかはいったん自分のなかで吟味する必要があります。**質問をする前には次の3点を瞬時に頭のなかで検討するようにしましょう。

・いま聞いてもよい質問かどうか→タイミングを考えましょう
・答えやすい質問かどうか→相手の気持ちに配慮しましょう

・相手の答えはなにか→予測してみましょう

この3点を考えた結果、場合によっては質問を我慢できる人が、優秀な聞き手と言えます。聞きたいことを思いついたら即質問してしまう人は、一流とは言えません。

② 相手が話したがっていることをまず聞く

聞き手の重要な心得は、自分が聞きたいことを質問する前に、まずは相手が話したがっていることを引き出すことです。

人は誰でも自分の話を最後まで聞いてほしいという欲求を持っています。話を遮られることを嫌い、途中で口を挟まれることに嫌悪感を持つのです。

そのため、まずは相手に十分に話してもらうことを意識しましょう。**話をよく聞いてあげれば、自分の意見もよく聞いてもらえます。**

例えば、あなたがリーダーとなって進めている重要な案件があるとします。人員が足りておらず、他チームに依頼して人手を借りなければいけません。このとき、あなたはどのように話を切り出すでしょうか？

多くの人は依頼したい内容を次のように詳細に伝えようと躍起になります。

「今回の件は、全社的に重要です。そのため、メンバーをひとり、こちらのプロジェクトに出してもらいたいと考えています。負担は確かにあるかもしれないですが、期間は4日間だけです。皆さんも自社の知的財産を重要視する方針はわかっていると思います」

一生懸命に相手を説得しようとしているのがよく伝わってきます。この後も続けて、

「いまの業務を彼は数日先に後回しにすることができないのですか？」

「会社が重視していることを無視はできないでしょう？」

などと言って、「イエス」をなんとか引き出そうとする人は少なくありません。

しかし、これは逆効果となる可能性が高いです。

なぜなら相手にも言い分があるはずだからです。そのため、まずは相手の意見

を聞くことを優先させましょう。このケースでは、

「今回の依頼事項、いろいろとやっかいな部分もあると思います。率直に意見を聞かせてくれませんか？」

と聞くとよいでしょう。そうすれば、

「あのさ、彼を4日間出すのは正直こちらとしては厳しいんだ。というのも、実は予想外の製品トラブルが発生してね。それを検証して結果を製造部門と協議しなくてはいけないんだ。彼はその製品の主担当なんだよ……」

と話が前進します。**事情や状況を理解してほしいという相手の言い分を聞いてあげると、対立点が明確になり、なにを調整すべきかがハッキリしてくるはずです。**とにかくやってほしいというだけの依頼の仕方は、むしろ相手から嫌われる原因につながります。

なにかをお願いする場面では、言いたいことを後回しにする。まずは聞く耳があることを示して、相手の意見を尊重する姿勢を見せる。これを心がけることで、職場内でのあなたの信頼度も上がるでしょう。

話し手の意図を見極めて返答を考える

会話には多くの情報が詰まっています。話をすることのひとつの目的は情報伝達ですから、私たちは漏れなく聞き取ることを要求されます。

しかし、情報を漏らさず聞き取ることに集中してしまうと、**その情報に隠れているい話し手の価値観に気が付かないことがあります。**

例えば、妻が夫に子どもの部活のことを話しているシーンを考えてみましょう。

「今週の日曜日、野球の試合があるんですって。あの子ったら時間の確認をしてなくて、試合が午後まで続くのかどうかわからないみたい。困ったわ、試合用のユニフォームもまだ持って帰ってこないのよ。それに部活の連絡網が回ってくるとか言っているけど、それがいつなのかもわからない。急に前日に、明日は朝から夕方まで試合があるって言われても、お昼ご飯はどうすればいいのかしら」

会話のなかで繰り返される部分は重要

あなたならこの話をどのように聞きますか。試合用のユニフォームや連絡網、昼食など、話し手は複数の情報について触れています。

一見すると、どれもバラバラの事柄のように思えますが、「午後まで続くのかわからない」と「お昼ご飯はどうすればいい」かは、相互に関連する内容です。

そこに注目することができれば、妻が繰り返しているのはこの部分だけということに気付きます。ですから、

「うん、お弁当を作らないといけないのかどうか、心配だね」

と返すのが正解です。そうすれば、

「そうなのよ。お弁当を作るとなると明日買い物しないといけないし」

と会話はスムーズに進行します。

一方で、

「え〜、ユニフォームは洗濯しなきゃいけないのかい？　午後までだと弁当なのかい？　連絡網って前日に回ってくることもあるの？」

などと相手の心配事に気付かずに返してしまうと、

「相談したのがバカだったわ。この人はなにもわかってない」とがっかりさせてしまうかもしれません。

大切なことは、相手が一番心配していること＝価値観を瞬時に判断して、そこに触れることです。

会話には話し手が無意識につけた優先順位があります。実際のコミュニケーションでは、複数の情報が重要度、緊急度に分けられてバラバラとなって出てきますから、それを聞き取ってあげることが大切です。**特に繰り返される部分は、話し手が重要視しているポイントと捉えましょう。**話し手がなにを重視しているのか、複数の情報のなかから見抜くことを意識しましょう。

コノテーションを読み取れば話し手からの評価は一気に上がる

会話に出てきた言葉が話し手の気持ちをすべて表現しているとは限りません。とくに日本人は本来伝えたいことを遠回しに示唆する表現方法を好む傾向があります。私たちはそこから真意を汲み取る力が求められます。

例えば、深夜に帰った夫に妻が次の言葉を発したとします。

「いま、何時だと思っているの？」

これは現在時刻を聞いているのではないということはすぐにわかるはずです。帰宅が遅いことに対して、遠回しな表現で怒っているのです。

また、同じようにゲームに夢中になっている子どもに、

「ゲームは1日1時間って言わなかった？」

図1 コノテーションを使った会話の例

いま何時だと
思っているの？
現在時刻を
聞いているの
ではなく、
帰り時間が
遅いことに
怒っているんだな

日常生活でもコノテーション＝言外の意味を読み取る力が求められる

と言った親のセリフは、約束事の確認ではありません。すぐにゲームを止めなさいという忠告だと察することができます。

このように言葉には辞書的な意味から飛躍して変化することがあります。これを専門用語でコノテーションと言います。

コノテーションの意味は会話の文脈のなかで決まり、私たちにはそれを読み取る力が求められます。

先述のようにわかりやすいものはいいですが、意味を特定しにくい場合は注意が必要です。そのまま返すと、「そんな意味で言ったんじゃない！」と怒りを買うことにつながって相手を怒らせてしまうかもしれないからです。

それではもうひとつ、コノテーションを使った事例を見てみましょう。

先日、テレビのニュース番組を見ていたときのことです。政治家があるテーマに対して、

「この問題が経済に与えるマグニチュードは非常に大きい」

と発言していました。マグニチュードとは本来、地震の規模を表す尺度です。一般的には「震度」と解釈されます。しかしこの人は、それを「衝撃」という意味で用い、しかもマイナスの影響力を表す言葉として使っていました。

聞いていた人達は前後の文脈からコノテーションを解釈します。

「そうですね、深刻な問題であると言えるでしょう」

と何事もなかったかのように話を進めていきました。

このように**コノテーションは通常の意味とは異なっても、話の流れから解釈した際に違和感がないのが特徴です。**もしくはより的確な表現として聴衆の耳に残ることもあります。

ただし、**問題なのは話し手側の乱暴な言葉の使い方が多くなっていることです。**

コノテーションを考えるとき、解釈しづらいものが日常的に増えているのです。

例えば男性の場合、デート中に彼女から、

「ねぇ、私もう疲れちゃった」

と言われたらどう思うでしょう。多くの人は帰りたいという意味ではなく、どこかで2人きりになりたい意味だと判断するでしょう。一方で夕食の最中に、

「そろそろ帰ろっか」

とほとんど食べ終わった頃合いで言われたらどうでしょう。

これは、次のお店に行こうというコノテーションなのか、本当にもう帰りたいという意味なのか迷うところです。前者ならば、

「そうだね、それなら定番のカラオケ？　それともバーでも行って飲む？」

と提案してもよい場面ですし、後者なら、

「わかった、お互い明日は仕事だから、また休みの日にゆっくりしよう」

となるでしょう。

コノテーションを聞き分ける力はとても重要です。直接的に意味することしか

聞かないと、最悪の場合「理解していない」ことと同じになります。常にコノテーションの存在を意識して、メッセージには言外の意味がないかどうかを考えることが大切です。

子どもの主張を聞き分ける母親

コノテーションを聞き分ける力はビジネスだけでなく、日常シーンでも求められます。

先日、ファミリーレストランでランチを食べていたときの話です。隣の席に座ったお母さんと子どもの会話が聞こえてきました。どうやら、サッカー部に所属している子どもが母親に愚痴をこぼしているようです。

「慎吾のやつ、俺がサッカー部に誘ってやったのに、1年のキャプテンになるとか言ってんだよ。下手なくせに！」

どうやら、その子どもは友達がキャプテンをやると言い出しことが気に入らないようです。

「なに？　あんたキャプテンやりたかったの？」

母親が言葉を返します。

「キャプテンなんて全然やりたくないよ。ただ俺のほうが慎吾より上手いってだけ。だいたいあいつは最近生意気になったんだよ。死ねばいいのに！」

とまくし立てています。「死ねばいい」は言い過ぎのような気もします。普通の大人ならここで、

「死ねばいいなんて言わないの！　お友達じゃないの」

とたしなめそうなものです。しかし**このお母さんは、**

「そう、勇司は悔しかったんだね。先生が慎吾君をキャプテンに推薦したの？」

と返したのです。

「別に悔しくないよ。試合のときに先生の前で点を入れたことがあっただけだよ。それだけでキャプテンに決めるんじゃや、みんなやる気がなくなると思うね」

この会話を隣で聞いていた私は「いいお母さんだな」と思いました。

友達よりも早くサッカーを始めた息子が悔しがっているということを瞬時に聞

き取り、その思いを理解したことを伝えていたからです。まさにコノテーションをしっかりと聞き取っていると言えます。

そして、母親は続けて、

「お母さんはよくわからないけど、サッカーってキャプテンより活躍している選手がいっぱいいるよね？　日本代表だってキャプテンより他の選手のほうが海外で活躍していたりするよね」

と展開していきます。

「そうだよ！　お母さん、わかってるじゃん」

徐々に子どもの不機嫌も薄れてきたようでした。素晴らしい母親です。

「不字質問」を使って相手から本音を聞き出す

皆さんは嫌なことがあったときに、それを友人に話してスッキリした経験はありませんか？　私たちは誰でも、心のなかにある不安や不満を誰かに話したいという気持ちを持っています。魅力的な聞き手になると、**そういったマイナスの感情を察知し、話し手のモヤモヤとした気持ちを解消できるようになります。**

負の感情を引き出す聞き方のテクニックのひとつに、「不字質問」という方法があります。これは人間の心理を利用した手法で、不字とは不安、不満、不便、不都合、不愉快、不運など不のつく言葉のこと。このテクニックでは対話の流れや状況のなかで、相手の心のなかにある「不」のポイントを探して見つけます。**そこに焦点を定めて質問をすると、相手の本音が探ることができたり、こちらに**

とって重要な情報を見つけたりすることができるという手法です。

▼不字質問を使って本音を聞き出す

ある会社に営業部からデザイン部へ異動した若手社員のAさんがいました。彼は明るい性格で、とても好印象な男性です。

マネージャーは彼がもともとこの異動を強く希望したことを知っています。それだけに、職場に馴染んでいく彼を見て、いい人が来てくれてよかったと思っていました。

ところが、ここ2、3日、その彼がいつもより暗い表情で元気がありません。「なにかあったのかな」と思って、マネージャーはお昼前に彼を呼んで話を聞いてみることにしました。

「Aさん、元気ないみたいだけど、どうしたの?」

「え?　そうですか。そんなことありませんよ」

「そうかい?　表情も暗いし、どうしたのかなって思ってさ」

「いや、別になんでもないです。大丈夫です」

「そうか……」

さて、マネージャーはAさんの暗い表情に気付いたまではよかったのですが、どうにも彼の本音を知ることはできません。どうすればよいのでしょうか。


こういった場合に役立つのが不字質問です。

不字質問を使ってAさんに聞いた場合を見てみましょう。

「異動してもう3カ月になるよね。**なにか仕事でやりにくいことや不便に感じていることはない？**」

「あ〜、そうですね、やりにくいことはないです。ただ……」

「どうしたの？」

「皆さん忙しいので、デザインのことを聞く暇がなかなかありません。できれば、海外に行ってきた人の話を聞くような勉強会の場があると嬉しいなと思っています」

「そうなんだ。結構、打ち合わせとか多いしね。勉強したくても先輩に声をかけにくいかもしれないね」

「そうですね。この時期は忙しいって聞いていましたけど、私はまだやれることが少ないので、なんだか役に立てていなくて申し訳なくて」

いかがでしょうか。不字質問を使うと、相手の不満や不安を聞き出せる可能性が高まります。この場合もAさんは、忙しくしている周囲に気を使って、教えてもらう時間を取ってもらいたい、ということを言い出せないでいたのがわかりました。

私たちは、満足な点を聞かれるよりも不満な点を聞かれるほうが話しやすいと感じます。世の中に「顧客不満足度調査」という調査があるのはご存じでしょうか。これも人が「不」を吐き出したいという傾向を持っていることをうまく活用した調査なのだと思います。

質問には様々なテクニックがありますが、そのなかでも「不字質問」は、日常シーンで使える場面がたくさんあります。ぜひ皆さんも使ってみてください。

聞かないフリができることも聞き手に求められる

よい聞き方をするために、子どもから学ぶべきこともあります。

そのひとつが、聞いていないフリをする力です。

子どもは大人同士の会話に興味を示さないでつまらなさそうにすることがあります。一見すると、話を聞いてなかったように見えるのですが、あとになって「ねぇ、お母さん。さっきの人さ、調子が悪くてとか言ってたじゃん。でもすごい元気そうだったよね」

などと急に言い出して親を驚かせることがあります。

一方で、大人は聞いているフリをして聞いていない、ということがあるので困りものです。

聞いてないフリをすることで周りに配慮する

あえて聞いてない、聞かないフリをするというのは、大人としての配慮であり、一流の聞き手の条件であるとも言えます。

例えば、先日こんなことがありました。仲間何人かで話をしていると、誰かがそのなかのひとりの昔の失敗談を引っ張り出したのです。面白、おかしく話し出して、

「あのときは笑っちゃったよな！　実際、どうだったんだよ。正直に言えよ」

と、よせばいいのに本人に聞きました。

「え？　あのときはさ、仕方なかったんだよ。それに俺も課長が気にしていたのを知らなかったしさ」

と聞かれた本人は話しづらそうです。ここで全員が身を乗り出して聞いてしまうと、本人は余計に話しづらくなるでしょう。そこで、

「そんなこともあったな。それよりも大吟醸の酒、頼まないか？」

と話に興味のない態度をわざと取る人がいたらどうでしょうか？　本人は「助

かった」と思うはずです。

周りの人間からは場の空気を壊すなと文句を言われそうですが、**本人が話したくないことを察知して、「聞かないフリ」をしてあげられる。**こういったことができる人こそ魅力的な聞き手だと思うのは私だけでしょうか。

実際、私も過去に聞かないフリをしてくれる人がいて助けられたことがありました。先輩と交流会に一緒に出かけていったときのことです。私たちは初めて会う男女が複数いるテーブルにいたのですが、先輩は酒のせいもあってか、私の新人時代の失敗談を話し始めました。私は恥ずかしさと気まずさで下を向いていました。

「こいつね、法務局で間違った書類を取ってきたことがあったんですよ。取り直しに行けって言ったら、着いたときには5時過ぎ。受け付けてもらえなかったから、会社に戻りづらくなったみたいで、1時間も会社の前で俺が出てくるのを待ってたことがあったんだよな」

事実ですから、仕方がありません。私も苦笑いしながら、

「そんなこともありましたね。いや、先輩にはお世話になりました、ホント」

と言います。すぐに次の話題へと移りたかったのですが、先輩はさらに、

「なにがお世話になりましただよ。あのとき会社の外で待っているお前を見て、かわいそうになって飲みに行ったじゃん」

とまだ話を続けそうでした。

しかし、そのときです。目の前の女性が、つまらなそうな冷めた表情を明からさまにしたのです。それに気付いてあわてた先輩は、

「昔の失敗談よりも別の話をしましょうか」

と言って話題を変えました。私は彼女が本当につまらなかったのか、私をかわいそうと思って「聞きたくないフリ」をしてくれたのか、そのときはわかりませんでした。しかし、いま思うと、きっとフリをしてくれたのではないかと思うのです。

「ということは」で話し手の真意を引き出す

私の仕事は、企業から社員のコミュニケーション教育を請け負うことです。依頼先に出向いて人事の教育担当者と、教育内容について話を詰めていくのですが、そのときに抽象的な狙いを言われて、どのように対応すればいいかを判断できないことがしばしばあります。例えば、

「今年の新人研修では、私たち研修講師が気を付けることはありますか？」

「そうだね。とにかく新人にはガッツを見せてほしいね」

「え、ええ……、ガッツですか……」

という具合です。


このとき、私はガッツを見せてほしいという意味が具体的にイメージできませ

■図2 相手の伝えたいことが抽象的な場合の聞き方

そうですね。
もっと●●
みたいにできると
いいですね
ということは
○○ということ
でしょうか？

「ということは、○○でしょうか」のフレーズを使うと、話が前進して具体的になることがある

んでした。しかし、ただ「ガッツですか……」と繰り返しても、本当に相手の言いたいことを引き出すことはできません。そこでこういった場面で、**私が使っているのが「ということは」の魔法のフレーズです。**

「ということは、まず挨拶をしっかりするということですかね？」

「ということは、教えるというより考えさせる。新人が積極的に行動するように促していくということでしょうか？」

このように返していくのです。すると相手の担当者は、

「そうですね。とにかく挨拶は元気よくやってほしいよね」
「答えをすぐ教えると受け身になるから、今回は回答を配らないでください。質問させて考える時間を多く取って、彼らが自分で行動を起こすようにしたいですね」

と話し合いは前進します。ガッツという曖昧なイメージでしかなかったことが、より具体的になってくるのです。

「ということは」のフレーズで相手の意見をかみ砕いた返し方をする。相手からは話の通じる人だ、という評価を得られるはずです。

ちなみに、この言葉には、**話し手の予想の先をいって、ユーモアに転じる使い方もあります。**

「いや～今日も、残業、遅くなっちゃったね」
「ということは、軽く行こうというわけですか？」
「ハハ！　わかる？」

というように楽しい会話を作り出す、ユーモラスな使い方もできます。簡単に実践できますので、皆さんもぜひ日常生活で取り入れてみてください。

第5章

ビジネスシーンに役立つ！聞き方の流儀

上司が部下の話を聞くときの3つのポイント

上司が部下の話を聞くのは、当たり前だと思う方も多いでしょう。人をマネジメントする上で、コミュニケーションは欠かせません。部下を育て、評価するために積極的に話を聞こうとするのは上司の仕事のひとつです。

しかし、社会人に対して実施されたあるアンケートでは、9割以上の人が「上司とのコミュニケーションに不満がある」と答えたことがわかっています。

その不満の多くは、「自分の話を聞いてもらえない」ということでした。

例えば、あなたは部下の仕事の進捗が遅いことが気になっているときに、どのように声をかけるでしょうか？

職場では、不安や恐怖を感じることなく発言できる状態が、望ましいとされて

います。このことは、チームのパフォーマンスを高めるには心理的安全性が重要であると、世界的に有名なグローバル企業のグーグルが発表したことで改めて注目されました。

「なんでできないかな？」

「なにが問題なの？　わからないところはある？」

苛立った顔とともにこのように聞いてしまったら、部下は心を開いてくれないでしょう。心理的安全性が阻害されると、無能や邪魔だと思われたくないという不安が蔓延《まんえん》し、チームの生産性は落ちます。社員は発言しづらい雰囲気の職場にはいたくないと思うようになるはずです。

では、上司が部下に話を聞くときにはどんな点に注意すればよいのか？　ここでは3つのポイントに絞って解説します。

①自分の考えを押し付けない

先ほどの例で、上司がしがちな失敗が次のような言葉です。

「こういうことだろ？　だから遅れているんじゃないの？」

これは一見質問しているようですが、部下にしてみれば押し付けです。原因まで上司が考えて、それを言ってしまったら、部下は素直に話すことができません。

「なにかやりづらいことがあったら言ってみて」

「現状を教えてもらえるかな？」

まずは、このように**抵抗なく話せるような質問をして部下の発言を待ちましょう**。自分が発する質問に、相手はどんな印象を持つだろうと疑問を持つことが大事です。これはすでに本書の第4章でも述べた通りです。

② 不安と不満を聞き分ける

部下の相談内容には、不安と不満が入り混じっていることもよくあります。例えば、

「こちらの提出した試験データについて、今週中にクライアントの開発チームから連絡があるはずなんですが、届いていません。セールス担当がクライアントを甘やかしているんでしょうか。期日に遅れてもいいと軽く見られているみたいです。マネージャーからも注意してください」

不満というか、愚痴をこぼしているように聞こえますね。

「そうか、今日が期日なのにまだなにも連絡ないんだね。困ったね。私からもメールしてみるよ」

たいていの上司はこのように対応してキーボードに向かうことが多いのではないでしょうか？

しかし、**この相談を分析してみると、２つの不安要素と２つの不満要素で構成されていることに気付きます。**まず不満は期日を守らないクライアントと、自分の会社の営業担当者に対してです。そして、不安は返事がないと次のステップに進めないことと、直接顧客に催促するのには抵抗があるということです。

複数の要素が絡み合っている場合は個別に解決していくとうまくいきます。この場合は、最初に不安要素について確認するとよいでしょう。

「先方の開発チームから返事があったら、その次のステップの期日はいつになる？　担当の君から直接催促したくないのには、なにか理由があるのかい？」

そして、不満要素についいては、いくつかの対策を含めて返します。

「期日を守らないのが習慣化しちゃうと困るな。その点については、次回、ミーティングの際に先方のマネージャーに伝えておこう。うちのセールス担当にも一度聞いたほうがいいかな？」

いかがでしょうか。**それぞれの要素を分けてヒアリングすることで部下は自分の話を聞いてもらえたと実感するはずです。**

最初のやり取りでは、部下の相談を受けて動いているように見えますが、部下からすると「積極的に動いてくれない」というマイナスのイメージにつながることも考えられます。

③ 毎回、白紙の気持ちで部下の意見を聞く

部下の報告を受けながら次のようなセリフを返したことがある人は要注意です。

「前にも同じようなことがあったよね」

「いつもそんなこと言っているよね」

これらのセリフは上司が思っている以上に、部下を身構えさせます。聞いてもらえないことに対して、ガッカリとした感情も与えてしまいます。

以前、私が部下から業務の報告を受けていたときのことです。

「今回の案件では、お客様が本当に知りたいのは、社員の本音であると考えています。しかしながら、先方が考えているアンケートでは本音が探れない可能性があるので、当社が窓口になってＷＥＢでアンケートを取るプランにしています。そして……」

私は部下が喋っている途中で、

「ちょっと待ってくれる？」

と遮りました。なぜなら以前、その部下はお客様の要望を勘違いしたことがあったからです。お客様との打ち合わせに同行した際に、

「そのような話はしたことがないですが、なんのことですか？」

と言われたことがあるのです。そのときのことを思い出して、

「彼の言っていることは本当だろうか。また勘違いして先走りしていないだろう

か。お客様が望んでもいないことを提案しようとしているのでは?」と疑ってしまったのです。しかしそれを口に出しても、どうしようもありません。

「お客様のところのシステムではなく、WEBのアンケートフォームを使ってもらうとなれば、セキュリティ上の問題はないのかな? そのあたりは確認済みかな?」

と別なことを聞きました。

「はい、iPadを全員に支給しているので、それを使えば大丈夫です」

結局、その案件は彼の提案通りに進めたことで受注することができました。つまり、私が部下の話を遮ったときに頭のなかに浮かんだ懸念は、間違いだったということです。

もし私が部下の意見を聞いているときに、

「以前君は先方の要望を勘違いしたことがあったよね? 今回の話は本当に大丈夫かな?」

と言っていたら、彼は提案に自信が持てなくなったかもしれません。その不安がお客様に伝わり、受注できなかったかもしれません。

もちろん、部下の仕事ぶりを観察し、過去に起きたことを踏まえてあらゆる事態を想定しておくのは上司として必要なことでしょう。しかし、**思い込みをなくして白紙で聞いてみることも大事なことです**。過去に起きたときとの違いをよく聞き取り、懸念や不安、疑いを呑み込む度量が上司にあると部下はついてきます。

営業場面では現在、過去、未来の質問を用意する

先日、営業職の研修をしたいという企業を訪問しました。依頼内容は次の通りです。

「対象は3年目くらいの若手を考えています。この前、ベテラン社員と一緒に大きい案件の営業をしたようなのですが、そのベテラン社員から、『ヒアリング能力が低い。あれじゃあ顧客のニーズを把握しているとは言えない』と説教されたようです」

クライアントの要望は、顧客の潜在的なニーズを聞き出せる営業になってほしいということでした。

営業職の人はお客様の課題を聞き、提案をして仕事につなげていく職種です。そのため、お客様の問題をどの程度聞けているかが重要になっていきます。その

上で顧客自身がまだ気が付いていない問題にリーチしなければ、他社の営業と差別化できません。しかし、顧客のニーズを深く掘り下げる質問をするというのは非常に難しいスキルです。

そこで、私がこのときにクライアントに提案したのが時間軸に着目する手法でした。この方法は顧客から語られる最初のニーズを現状と捉え、その前後の過去と未来に注目するのが特徴です。

まず、「こうしたい」という要望を現在として捉えます。そして、その要望が生まれた理由、つまり「なぜそうしたいのか」を過去として捉えます。そしてそれをすることで「なにを得たいのか」の部分が未来となります。

時間軸を意識した質問方法

一般のお客様に向けた住宅販売での営業で、時間軸を意識した質問を使った実例を見ていきましょう。

図3 時間軸に着目した質問方法

現在 ＝ こうしたい

過去 ＝ なぜそうしたいのか

未来 ＝ なにを得たいのか

↓

この３点を捉えると
潜在的なニーズにアプローチしやすくなる

営業担当者がお客様に物件の説明をしています。

「こちらは建売でありながら、展示物件をご覧の上で壁の色や棚の高さなどをお好みで決めていただけるフリープランです。ご希望はありますか？」

「キッチン横が図面では壁になっていますので、勝手口を作れませんか。それからトイレの棚は１７０㎝になっていますけど、１４０㎝にしてほしいです。それから外の電源位置はここじゃなくて……」

　このように、営業シーンではお客様からたくさんの要望を受けることは珍しくありません。しかし、これをひとつひとつ聞きながらメモしていっても、顧客の潜在的なニーズを聞き取ったということにはなりません。

そこで、現在、過去、未来という時間軸を使った質問を使って、掘り下げていきます。

「勝手口をここに設置したいのは、どのような理由でしょうか？」

「棚の高さを低くするのにはなにか訳があるんですか？」

まず、**理由が過去のことに関係しているのかを聞いて確認してみます**。すると、

「いままで住んでいたマンションでは、ゴミを出すときにリビングを通っていたので、嫌だったんですよね」

「トイレの棚が高いと、拭き掃除するときに困りますので」

というように、要望の背景がいろいろと判明してきます。そこでこれらの理由をもとに、

「パントリーは棚の高さが一番上で175㎝です。こちらは大丈夫でしょうか？」

「勝手口をこの場所につけると、建物の高さの関係で地面まで50㎝の差が生まれます。ここに2段ほどの階段をつけたほうがいいかもしれません」

と**詳細な提案をしていくことができます**。さらに、

「勝手口があれば確かにリビングを通ることなくゴミを出せます。ただ、一時的な保管場所が必要になりませんか？」

「確かにそうですね、どうしようかな……」

「市販の物置でもいいかもしれませんね。市のカレンダーでゴミ出しのタイミングを見てみましょう。それに雨の日のことを考えると、勝手口に雨避けがないのでは濡れてしまいますよね」

とどんどんお客様の新たな課題を見つけて、潜在的なニーズを掘り起こすことができます。

「現在」を聞くだけでは効果的な営業提案はできません。**「過去」を明らかにすることで、顧客の潜在的なニーズにアプローチすることができ、「未来」を訴求できるようになります。**

現在、過去、未来を頭に思い浮かべて掘り下げていく。この方法を覚えておくと、営業としての成果に直結するはずです。

クレーム対応のシーンでは傾聴するだけではNG

クレームが最も多い接客業は役所の窓口だそうです。行政職員にクレーム対応研修が多いのもうなずけます。

クレームを目の前にすると、相手の強い語調や圧力に、萎縮してしまう人も多いと思います。しかしいまの時代、クレームにも毅然とした態度で対応しなければなりません。実際、企業のなかにはクレームを経営リスクと捉えて、カスタマーハラスメントなる言葉を使って、排除しようという動きもあります。

一般的にクレーム対応の研修では、まず傾聴せよと習います。相手の言い分に耳を傾けて懸命に聞こうという姿勢を見せると、相手が冷静になり、落ち着いて話してもらえる効果を期待できるからです。ただし、これではクレームそのものがなくなるわけではありませんから、傾聴後の対応も考える必要があります。

そのときに**重要なのは相手の言い分に直接反論しないことです。相手の明らかな問題点について問うのです**。

例えば、税金の滞納者に何度も督促状を送っても応答がないケースについて考えてみましょう。本人の銀行預金を差し押えしたところ、役所に滞納者が乗り込んできました。

「おい！　いきなり銀行口座を差し押えするなんてどういうことだ！　泥棒みたいなもんじゃないか。金が引き出せなくて困るんだよ。勝手なことをするな」

このようなとき、あなたが行政の税務課職員だったとしたら、どのように答えるでしょうか？

「勝手なことではありません。すでに差し押えの予告状も送っています」

「必要な手続きを行っただけです。責められても困ります」

このような対応では、相手の言い分に反論しているため刺激してしまいます。

では傾聴を意識した答え方ではどうなるでしょう。

「差し押えに関してですね。突然のことで驚いたことはよくわかります」

一見すると、寄り添った対応に聞こえます。しかし、この状況で傾聴すると、相手がより強い態度で出てくることも考えられます。そこで、有効となるのが相手の問題点をつく返し方です。

「なぜ再三の督促にお答えいただけなかったのでしょうか？」

このように**相手が督促に応答しなかった点について質問します。**

「勝手に差し押えした」「泥棒だ」と言った相手の言い分には反応しません。相手の非をしっかりと問うのです。すると相手は、「知らなかった」とか「見てなかった」など、言い訳をしようとしても苦し紛れになります。

その後は、事実を正確に述べるだけです。

「記録ですと、すでに督促状を○月と○月、差し押え予告を○月にお送りしております」

というように事実を積み重ねます。そうすることでその後の展開、このケースでは残りの支払い分についてスムーズに誘導することができるでしょう。

2段階に分けて聞くとトラブルを回避できるかも

そしてクレーム対応でもう一点大切なのは、**相手の言い分のなかでなにが正しく、なにが間違っているかを整理することです。**

次のやり取りは、私の知り合いがドコモショップに電話をしたときのことです。使った覚えのないサービスから請求が来ており、それがスマホの料金と一緒に請求されていることについて問い合わせたそうです。

「料金明細に、SPモード決済というのが載っていて、カッコ書きでiTunesとなっています。でもiTunesなんて使ってません。それなのに1万2000円も請求されて、おかしいんじゃないですか?」

電話を受けたショップの人は、すぐ確認しました。

「確かにSPモード決済で1万2000円となっております。お客様はこの利用料に覚えがないということでしょうか?」

「そうよ! なにも使ってないんだから。iTunesなんてスマートフォンを買ってから一度も使ったことありません」

「ですが、SPモード決済というのはあくまでドコモ料金と合わせて請求が行われるだけです。お客様が使ったかどうかというのは、私どもでは関知しておりません。お手数ですが、アップル社に問い合せてみてはいかがでしょうか？」

「冗談じゃないわよ。じゃあ基本料金などの本当に使ったお金だけ払うから、それ以外のお金は払わないようにしてちょうだい！」

「それはできかねます。今後SPモード決済を行わないように手続きをすることはできますが、今回の請求についてはお支払いいただけないと、電話も止まってしまいます」

「なによそれ！　ちょっと上司を出しなさいよ！」


その電話応対は揉めていました。ショップの対応者はこの問い合わせに対して、SPモード決済が代理請求に過ぎないことを言っていますが、相手は納得していません。ドコモからの請求である以上、ドコモになんとかしてほしいと思っています。

このケースのポイントは、**ドコモはアップルのサービスについて利用者に代わって調べることはできないという点です。**

ですから、まずはお客様にそこを理解してもらうために、アップルに問い合わせてもらう必要があることを知らせます。

次のように段階的に話を聞いていくとよいでしょう。

「iTunesは、アップルのサービスなのはご存じですか？」

「ええ、でも使ってないんですけど」

「はい、使っていないというのはよくわかりました。アップルの提供しているサービスだということはご存じでしたか？」

「それはわかってますけど」

「ドコモではなくアップルからの請求ですから、お話の通り、使ったことがないということであれば、なんらかの不正利用が考えられます。今後もこのような請求が続くと大変ですので、いますぐSPモード決済をお止めすることは可能です」

「すぐに止めてもらえますか？　不正利用ってどういうことでしょう？」

「iTunesの利用ということは、アップルIDやパスワードが必要です。それが悪用されている場合は、使ってもいない請求が発生することがあります。すぐにアップルに自分のＩＤが不正利用されている可能性を調査してもらうべきです」

このように対応していれば、お客様の応答も変わったはずです。

クレーム対応時の聞き方として、相手の非を質問する、段階的に聞く、この2点を覚えておきましょう。

意見が違う人の話には魔法のフレーズで対応する

自分とは違う考え方を受け入れられなかったり、自分が嫌いなものを好きだと言う人の話を苦手に思ったりすることは誰にでもあります。しかし、あからさまに聞きたくない態度を取っては、コミュニケーションは成り立ちません。むしろ、こういった場面でこそ聞き手としての度量が試されます。

では、そのような場合はどのように聞けばいいのでしょうか。そのヒントが、古舘伊知郎氏の著書『喋らなければ負けだよ』（青春出版社）に述べられていました。

古舘氏は、ある日自宅で食事レポートの番組を観ていたそうです。内容は、とある港町に行ってそこの食べ物を紹介するというごく一般的なものです。

問題の場面は、地元の料理が運ばれてレポーターが口をつけた瞬間でした。そのレポーターの表情が歪んだのです。それを見て彼は身を乗り出して画面にくぎ付けになります。

「まずい」とは言えないフードレポーターが、明らかに口に合わない表情をしたその後に、なんと言うのか興味津々だったのです。すると、そのレポーターは、

「いやぁ～、好きな人にはたまりませんなぁ！」

とコメントしたそうです。古舘氏はこのレポーターの対応力に「驚いた」と述べています。「美味い！」と言えば嘘になるし、かと言って「まずい」とは言えない。そのような追い込まれた状況で、「好きな人にはたまらない」と言えるのは素晴らしいと絶賛しています。

「好きな人にはたまらない」の効果

この返し方は**誤魔化した表現ではありますが、誰も傷つけない一言です**。私たちの日常に置き換えて考えてみると、この返し方が使える場面はたくさんあるのではないでしょうか。

例えば、自分が苦手で絶対に見ないホラー映画があったとします。その作品を大好きだと言ってきた人に、

「私は嫌いです。気持ち悪いとしか思わない」

と答えてしまったら、相手はその先の話ができなくなってしまいますよね。ですから、そのときは、

「ホラー好きにはたまらない映画なんでしょうね！」

と返したら、相手も心穏やかに話せるのではないでしょうか。

私たちは、自分の意見が他人と異なるとき、自分の主張に引き寄せようとしてしまいます。しかし意見の違う人がいるのは当たり前のことですし、無理に引き寄せるよりも、相手の意見を聞けるほうが聞き手としては魅力的です。

「○○は好きですか？」、「○○っていいよね」と言われたときに、**よし悪しを答えるのではなく、いったん受け止める。**その後の一言として、「好きな人にはたまらない」というフレーズを使えば、相手といきなり衝突するようなことはなくなるのではないかと思います。このような返し方を自然とできる人が、一流の聞き手なのかもしれません。

怒られる、叱られる場面では言い訳をしっかりする

子どもは親に叱られたとき、下を向いて暗い顔で聞きます。自分の行動を反省して落ち込んでいる姿は健気ですが、大人になっても子どもの頃とほとんど同じ反応で聞いている人を見るといかがなものかなと思います。

例えば、上司に叱られているときに部下が下を向いて、

「すみません」

とかぼそい声で言う。そんな場面を見ていると、怒られるときの聞き方に慣れていないように感じます。怒られたり、叱られたりするのは決して気持ちのよいことではありませんから、できれば避けたいと思う気持ちからこのような態度が生まれるのかもしれません。また、パワハラ（パワーハラスメント）が社会問題になってから、そもそも部下を叱る上司が少なくなったことも関係しているのか

もしれません。

しかし、いずれにしても、相手が怒って叱るのは、自分に期待してくれている証拠です。期待が大きいと叱咤激励は強くなります。その期待を感じ、かつ上司の評価の尺度を理解できる。これは決して損なことではありません。

では、そのような場面での聞き方は、どのようなことに注意をすればいいのか、考えてみましょう。

▼言い訳は必要な場合もある

まず、知っておいてもらいたいのは**「謝ることだけを考えない」ということです**。私たちは、相手を怒らせてしまったとき、言い訳をせずに潔く謝ることが正しい姿だと思い込んでいるところがあります。

日本的な教育によるものなのか、言い訳をしてはいけないという先入観があります。しかし、怒っている側としては、期待に反したことをした相手からの説明がほしいと思っています。

先日、まさにそのようなことを実感する出来事がありました。長年付き合っている印刷会社から教材が納品されたときの話です。箱のなかを開けてみると、教材の表紙の一部に色がにじんでいて、シミのようになっていました。使えないわけではありませんが、「これはちょっと」と社員が困惑顔になって私のところに見せに来ました。

私は印刷会社の担当者を呼び出して、注意します。

「君のとこにいつも教材の印刷を発注しているのは、このようなミスがないからだったんだけどね。いまの時代、ネットで簡単に注文できて、安くやってくれる印刷会社はいくらでもあるんですよ」

いつも明るい営業担当者は、下を向いて、

「申し訳ございません」

と頭を下げます。なにを言ってもその姿勢は変わらず、深々と頭を下げて、

「申し訳ございません」

と繰り返すばかりです。つい私もプレッシャーをかけるようなことを言って、その場は気まずい雰囲気で終わってしまいました。

後日、その担当者が印刷し直した教材の納品のために来社するタイミングがありました。前回から時間が経っていたこともあり、今度は穏やかに先方の事情を聞いてみました。すると、

「実は弊社が契約している印刷所が年末の業務で発注不可になってしまったんです。そのため、別な印刷所に発注したのですが、まさかこんなものを納品してくるとは思いませんでした。二度とあそこは使いません」

と話してくれたのです。私はそれを聞いて、

「あのとき、その情報をなぜ言ってくれなかったんですか。言ってくれればいいのに」

と彼に伝えると、

「だって、言い訳がましいと思われるじゃないですか」

と言うのです。

ここが問題です。もちろん人によっては、ひたすら頭を下げるのがよいという人もいるかもしれません。しかし**多くの人は、言い訳を待っています**。この場合では、最初に呼び出したときに、

「申し訳ありませんでした。実は今回、我々の契約している印刷所が年末の注文が多くて使えませんでした。他の印刷所に依頼したんですが、私の判断も甘かったと思います。まさかこんな結果になるとは」

と言ってくれれば、年末の忙しいときに急ぎの注文をした私たちの問題も自覚したと思います。

怒られたり、叱られたりしたときの聞き方のポイントは、ただ謝ることに注力することではありません。しっかりと状況を伝えた上で、自分の落ち度について詫びることです。言い訳がましいというイメージにとらわれないようにしてください。

聞き手は便利な「ありがとう」に頼り過ぎない

先日、とある投稿サイトに掲載されていた記事が目に留まりました。30代の女性からの投稿で、彼女は親と祖母の教えもあって、なにかをしてもらったら「ありがとう」と明確に言うことを心掛けているということが書かれていました。

一般的に「ありがとう」とキチンと言える人は、好かれると思われています。

ところがその記事によると彼女は職場の仲間から、

「あなたは『ありがとう』をいつも言い過ぎていて、まるで『ありがとう』の安売りよ。ちっともありがたくないわ」

と言われたのだそうです。それがショックで投稿したとのことでした。その記事を読んだとき、彼女の仲間は随分きついことを言うなという印象でした。

仕事の連絡を受けたときやなにか教えてもらったときなど「ありがとうござい

ます」と言うべき場面でそれができない人がいるのはよくある話です。このケースでは「ありがとう」と言っているのに、安売りをしてありがたみがないと指摘されており、珍しい話です。

ただ、次のような例を考えてみると、どうでしょうか。


「お昼ご飯、先に行くね。いつものお店で」

「うん、ありがとう」

「この前の資料、助かったよ。机の上に返しといたよ」

「あ、わかった。ありがとう」

「マネージャーから来たメール見た？　後で意見聞かせて」

「うん、ありがとう」


一見、違和感のないように思いますが、この「ありがとう」の使い方は適切とは言えません。

「お昼ご飯、先に行くね。いつものお店で」

「うん、今日は私、お肉にするつもり！」

というほうが自然な会話と言えます。他の例でも、

「この前の資料、助かったよ。机の上に返しといたよ」

「うん、役に立ったならよかった」

「マネージャーから来たメール見た？　後で意見を聞かせて」

「うん、なんかまたかよって感じだけどね。詳しくは後で！」

というほうが自然ではないでしょうか？


つまり、**「ありがとう」を万能な返し言葉として使うと、不自然なコミュニケーションになります。**先の投稿者の方が実際にどうであったか真実はわかりません。

「ありがとう」と言うべきところを言えない人がいるのも事実ですから、「ありがとう」と言えるのは大事なことです。一方で、聞き手としての返し言葉に、「ありがとう」は便利過ぎて、使い過ぎてしまうことがあるようです。

それが癖となって習慣になり、「ありがとうの安売り」にならないか、気をつける必要はあると思います。一流の聞き手を目指すなら、会話の流れやリズムを

大切にして、自然でかつ活発なやりとりを目指す。**便利用語を使うのはほどほどにしましょう。**

オンライン会議&面接ではわかりやすい表現を心がける

昨今、便利なツールが増えて、オンラインでの会議や面接が増えてきました。オンライン面接を導入している企業はすでに7割を超えています（2020年8月時点）。新型コロナウイルスの影響によって、その勢いは加速しており、就職試験では最終面接までもオンラインで実施する企業があるくらいです。読者の方でもZOOMなどのツールを使ってミーティングをしたことがある人も多いのではないでしょうか。

オンラインではオフラインと違った聞き方が大切になります。注意を怠ると、自分では思ってもみなかったマイナス評価をされることもあります。ここではとくに大切な2点をチェックしてみましょう。

①　対面よりも意識してうなずく

4～5人の参加者がオンラインでミーティングをすると、ＰＣ画面は分割されて、参加者が並んで表示されます。そのような環境で誰かが話すと、ある人は無表情でなにやら考え込んでいるような態度を取ったり、またある人はニコニコしながらうなずいて聞いたりといったことがよく起こります。話し手は画面内の人に話しかけているわけですが、参加者一人ひとりの態度の違いがとてもよくわかります（このときの各参加者の画面は表示方法によって変わります）。

オンラインの場合では、聞き手のひとりである自分に注目している人はいないという思い込みや、離れたところからつながっているという油断が生まれやすいです。特に自宅で接続している場合は気が緩みやすく、だらしない印象を与えたり、無表情で悪い印象を与えたりすることがあるので注意が必要です。

私は月に2回、海外に住んでいる日本人コンサルタントとオンラインで話をしています。その方は、いつも大きくうなずきながら、カメラ目線をできるだけ維持するよう努めているように見えます。あるとき、私はミーティングの最後に、

「いつも大きくうなずいて、目線もこちらをしっかり見ているように感じますが、意識してやっていますか？」

と聞いたことがありました。彼は、

「はい、明確に意識していますね。こちらは海外です。オンラインとはいえ距離を感じると思うので、聞いていることが伝わらないと集中力が落ちますよね」

と答えてくれました。まさにその通りだと感じました。

1対1であっても参加者が複数であっても、オンラインでは対面で話している以上にうなずくことを意識しないと、まるで静止画面のようになってしまいます。

ですから、聞くシーンでは話し手だけではなく、**参加者の他の人も自分を見ているかもしれないということを意識して、少しオーバーにうなずく必要があります。**

「ええ」「はい」といった相槌の言葉を声に出さなくても構いません。もっと言うと、自分の音声はミュートされ、発言の許可待ちであっても、うなずくことへの意識を保ち続けるだけでもあなたの見え方はだいぶ変わるはずです。

②表情に変化をつけて気持ちを伝える

オンラインであっても表情豊かにする。これは大切なことですが、対面以上に表情を豊かにするのはかなり難しいです。画面に向かって大げさに表情をつけると、さすがに嘘っぽさが出てしまう場合もあるからです。

それではどうすればよいのか。

大事なのは、**笑顔を見せる場面ではカメラ目線を意識することです**。PCのインカメラやiPadのカメラなどは画面の上部、または端側についています。そのため、画面を見ながら笑顔になっても、伏目がちになったり、横目線になったりします。ですから、笑顔を見せるときはカメラに目を向けると印象がグッとよくなります。

さらに、PC画面の小さな枠のなかに自分の顔が映し出されるわけですから、対面と違って微妙な表情は伝わりません。知らなかった情報や「なるほど」と思った話には、大げさに驚いた表情を作ると効果的です。

カメラに近づいて、顔のアップを見せる必要はありませんが、**「オー」というように口を開けて驚きの表情をつけてみましょう**。聞き手としての気持ちの変化をしっかりと表情に出さないと、相手に伝えることができません。仲間同士であれば、親指を立てて「いいね」の意思を表現するのもいいでしょう。

番外編

あなたは空気を読めている？簡単セルフチェックシート

10項目で簡単に自己診断
空気を読む力＝聞く力

２０００年代後半に空気を読まない人のことを、「ＫＹ」と揶揄《やゆ》する言葉が流行語となりました。空気を読めるかどうかはコミュニケーション全般に影響し、もちろん聞き方にも関わってきます。ここでは、簡単にチェックできるリストであなたが空気を読んで会話ができているかを診断してみましょう。

1．自分の意見はハッキリと言うほうだ

□強くそう思う
□たまにそう思うときがある
□どちらかというとハッキリ言わない
□自分の意見を言うのは苦手

2．流行に流されずに自分のスタイル、好みを優先させる

□常に自分のスタイルを貫く
□おおむね自分のスタイルを優先する
□流行に流されることが多い
□流行に敏感で最先端を取り入れる

3．場を盛り上げることが好きで、自分はムードメーカー的存在だと思う

□強くそう思う
□どちらかと言うと盛り上げ役
□自分は静かにしているほうだと思う
□場を盛り上げるなんて無理

4．誰とでもすぐに仲良くなれるほうだと思う

□強くそう思う
□大体仲良くなれる

□初対面は苦手なほうだ
□好き嫌いが激しく、嫌いな人とは仲良くなれない

5. 面白い出来事を経験したら、すぐに話したくなるほうだと思う

□強くそう思う
□いつも決まった相手に話す
□あまり話さないほうだと思う
□自分のことは滅多に話さない

6. 他の人が知らない情報を手に入れると、教えてあげたくなる

□「ここだけの話さ」と話すことがよくある
□「○○って知ってる?」と自分から教えようと話し出す
□特定の人に話すことがある
□自分のなかに留めて話さない

7. 飲みに行くのが好き

□大好き！
□どちらかと言うと好きなほう
□あまり好きとは言えない
□ハッキリ言って面倒くさい

8. 毒舌と言われるくらい鋭いツッコミがしたいと思う

□強くそう思う
□時には鋭いツッコミをしたい
□自分には難しいと思う
□できれば波風立てたくない

9. 部下、または後輩がミスをしたとき、しっかりと叱って教育する

□見逃さずにしっかりと叱る
□大目に見ることはあるが大抵叱る

□あまり強く言えない
□自分のことは自分ですべきだと思うので叱らない

10．先の読める話（結論がわかってしまう話）を最後まで聞くのはつらい

□かなりきつい
□飽きてしまうので、そこそこつらい
□あまり気にならない
□最後まで我慢して聞く

いかがでしょうか？　4つの回答の選択肢がありますが、右側に近い回答を選択した人ほど、「空気の読めない人」である可能性が高いです。一つひとつの設問について詳しく解説していきます。

1．自分の意見はハッキリと言うほうだ

意見をハッキリと伝えるのはよいことと思われがちです。しかし、それが相手の意見を真っ向から否定するものであるなら、表現には注意が必要です。自分の意見を言ったら相手がどう思うか。そのことを無視して突っ走ると、相手に不愉快な思いをさせ、〝空気の読めない人〟と言われるでしょう。

2．流行に流されずに自分のスタイルや好みを優先させる

流行に乗るか乗らないかは、個人の趣向による判断というのが前提です。しかし、流されずに自分のスタイルを貫くと言っても、場に合わない服装だったり、奇抜な考えだったりすると、「派手な格好でなにを考えてるの？」「あの人は男尊女卑だね」などと、陰で批判されてしまうこともあるでしょう。

3．場を盛り上げることが好きで、自分はムードメーカー的存在だと思う

場を盛り上げてくれる明るいキャラクターであることを、「人を楽しませる素質があって得だ」と言う人もいます。しかし、盛り上げよう、面白いことを言おうとして、一部の人にとても失礼な一言を発してしまう可能性もあるので注意が必要です。

4．誰とでもすぐに仲良くなれるほうだと思う

特に初対面ですぐに打ち解けることができる人はよいコミュニケーションが取れる人と思われがちです。すぐに仲良くなれるのは素敵なことですが、馴れ馴れしさと隣り合わせであることを知っておく必要があります。自分ではうまく仲良くなれたと思っていても、相手からは馴れ馴れしくて苦手と思われているかもしれません。

5．面白い出来事を経験したら、すぐに話したくなるほうだと思う

話したくなると誰かに伝えたくて我慢できない人がいます。しかし、その話は相手が聞きたいと思っている内容なのか。いま、その話をしていいタイミングなのかを気にかける必要があります。他の人が話している最中に割り込んで自分の経験談を話したり、関係ない自分の話をしたりすると、空気を読めない人と思われるでしょう。

6. 他の人が知らない情報を手に入れると、教えてあげたくなる

他人の価値観に鈍感な人は嫌われてしまいます。例えば、他の人の秘密をたまたま耳にして、それを話してしまったり、確実ではない情報をあたかも本当のことのように話したりすると、人に信用されなくなってしまうでしょう。

7. 飲みに行くのが好き

社会人になると、お酒の付き合いもある程度は大切です。しかし酒席というのはとかく口がすべるもの。酔って言わなくてもいいことを言ったり、自慢話ばかりしていると、あの人と飲んでも楽しくないと思われてしまいます。

8. 毒舌家と言われるくらい鋭いツッコミがしたいと思う

鋭いツッコミが賢さの証明だと思うのは間違いです。その行動が認められるような芸能界のような環境にいるのならばいいですが、普通の人にとっては危険です。

9. 部下、または後輩がミスをしたとき、しっかりと叱って教育する

問題点を指摘して改善に向けて指導することを叱ると言います。しかしこれが〝説教〟になってしまうのは問題です。過去のことに遡って指摘したり、人格を否定したり、嫌味が混じってしまったりすると、相手はやる気を失うでしょう。叱るのは「励まし半分」だと思いましょう。

10. 先の読める話（結論がわかってしまう話）を最後まで聞くのはつらい

誰でも話の先を読もうとします。話すよりも思考のスピードのほうが速いからです。しかし日本語の特徴でもありますが、結論は最後に出てくるもの。意外な結論だったりすることもしばしばです。途中で「〇〇ってことね」と決めつけたりすると、相手は最後まで聞いてくれなかったことに不快な印象を持つでしょう。

いかがでしょうか。それぞれの意図はご理解いただけたでしょうか？　これらは、相手の話をしっかりと聞けないことの原因となります。本書で様々な角度から聞き手について取り上げてきましたが、やはり空気の読める人は聞き方の上手い人と言えます。

おわりに

「うまく話せるようになりたい」という願望を持つ人は多いですが、うまく聞けるようになりたいと願う人は少ないのが現実です。

しかし、私が代表を務める話し方研究所では、話すことは聞くことで成立していて、聞けなければ話せないということを長年伝え続けてきました。当社では、話す訓練を望む多くのお客様に、聞く訓練も同時に必要だと提案し続けてきたのです。

誤解、すれ違い、仲たがい、人間関係の問題の多くは、この聞くこと、つまり聞けなかったことが原因で起きます。そして、このような人間関係のトラブルは、多くの人がどう話せばよかったのかという反省をもとに悩み、ときに自己嫌悪に陥ります。

しかし、そこでどう聞けばよかったのかという観点で振り返ってみると、もっと気付くことは多いはずだと、我々は強く感じています。そこが本書の原点と言ってもいいでしょう。


九州にあるディスカウントストアチェーンの店長さんが、研修中の休憩時間に、悩みを打ち明けてくれたことがありました。

「先生、店長にとってパートの管理はものすごく大変なんです。主婦のパートが多いのですが、いがみあったり、いじめたりするんです。それをうまく調整するのになんて言えばいいのか……。参りますわ」

そう言ってため息をついているのです。私は、

「例えばどんなことですか？」

と聞くと、

「レジをやりたがらない人がいます。裏方の仕事は嫌がらないんですが、とにかくレジ業務はやりたくないと言うんです。それが原因で仲間に嫌われて、他のパートと全く喋らない人がいるんですよ。私も困って、

『そんなことじゃ、この先やりにくくなるよ』って注意はしたんですが……。その人の態度は変わらないんですよね」

店長が悩んでいる内容やお気持ちはわかります。

しかし、私がこのようなときに言うのは、

「レジをやりたくない理由を聞きましたか？」

ということです。

店長からしたら求めていないアドバイスかもしれません。なぜなら、店長はパートさんにどのように言えば自分に従ってくれるのか、を聞きたいと思っているからです。

しかし、この店長は、「そんなことじゃ、この先やりにくくなるよ」と言っています。これは文字通り、〝脅し〟です。「この先やりにくくなるよ」と店長の立場で言ったら、それはクビを予告しているようなものです。

どのように話して従わせるか、と考えている時点で、残念ながらコミュニケーションを取ろうという意識が希薄であると言わざるを得ないのです。

どんな仕事も嫌がらずにやってほしい、仲間ともうまくやってほしい、そう思うのは当然です。しかし、それを命令や脅しで強制したところで、結果としてそのパートの方はお店を去っていくことでしょう。

相手がなにを思ってその仕事を避けているのか。その理由がわからなければ、話せないはずです。徹底的に聞いて、相手を理解し、その上で店長の立場でできることを伝えて、相手の納得を引き出していく。面倒で遠回りかもしれませんが、人と人とのコミュニケーションとは、お互いが理解しあってこそ前進するのではないでしょうか。私はこのような相談を受けるときにいつも思います。

コミュニケーションには相手がいて、その相手には人生があって、嫌いなものも好きなものも自分とは違います。だからこそ、理解し合うことはことさら大事で、面倒なことなのだと、私は自分自身にも言い聞かせています。

私たちが生きる世界で自分の思いが理解されて、数多くの協力者が生まれ、仕事と日常生活に充実感を持って生きていく。そのための話し方であり、聞き方なのだとこれからも伝えていきたいと思います。

当初、この本は、話し方研究所の創設者である福田健と、その後継者の私、福田賢司とで企画し、総合法令出版さんの賛同で出版が実現しました。根底となる考え方や全体の構成案は福田健が考え、全体の三分の一程度を私が執筆する予定でした。しかし、2019年6月、福田健が膠芽腫《こうがしゅ》という脳腫瘍にかかっていることが発覚し、そこからは、闘病しながらの執筆を余儀なくされました。

手術から投薬治療へと長い闘病生活は、福田健の体力を奪い、非常に厳しいものとなりました。その間、懸命に執筆しながらも半年後には筆を握ることさえできなくなってしまいました。結果として、足りない部分は私が補いながら、なんとか完成に至りました。

本書で、福田健が執筆する本は最後となりました。

しかしながら、話し方研究所は創設者の教えを引き継いでいます。今後も出版や研修の場で、本書で述べたことを含め、人間関係という人生そのものを左右する重要な関心事を追求していきたいと思います。

話すこと、聞くことは生きていく行為そのものです。他人との関わりは、人生のなかで最も多くの時間とエネルギーをかけることでしょう。ですから、皆さんには今後も興味を持ち続けてもらいたいと思っています。そして自分自身を変えていく努力をしてください。私たちも微力ながらお手伝いしていきたいと思っています。

福田賢司

福田 健（ふくだ・たけし）

株式会社話し方研究所／会長
話し方研究所の設立者であり、温かみのある人間性と具体的でわかりやすい話し方で、大勢の人々を魅了。コミュニケーションに関しての研究・啓蒙活動を通じて、現在の講師会のインストラクターは100名を数える。主な著書に、『「謝り方」の技術』（三笠書房）、『気まずい空気をほぐす話し方』（KADOKAWA）、『人は「話し方」で9割変わる』『女性は「話し方」で9割変わる』（経済界）などがある。

仕事も人間関係も雑談もうまくいく
一流の聞く力

2020年10月19日　初版発行

著　者　福田 健
発行者　野村直克
発行所　総合法令出版株式会社
〒103-0001 東京都中央区日本橋小伝馬町15-18
EDGE小伝馬町ビル9階
電話　03-5623-5121
印刷・製本　中央精版印刷株式会社

落丁・乱丁本はお取替えいたします。

ISBN 978-4-86280-768-7
総合法令出版ホームページ　http://www.horei.com/